明清汉语语法研究丛书

丛书主编　石锓

基于类型学视角的明清汉语焦点结构研究

马　碧◎著

華中科技大學出版社
http://press.hust.edu.cn
中国·武汉

◎丛书主编

石锓　男，湖南临澧人。文学博士，博士生导师，湖北大学文学院二级教授，湖北大学“沙湖学者计划”领军教授。公开出版学术专著6部（含合著），主编、协助主编和参与撰写教材多部。主编并出版“明清汉语语法研究丛书”。主持并完成国家社会科学基金重大项目1项（首席专家）、国家社会科学基金一般项目2项。曾获得第六届高等学校科学研究优秀成果奖（人文社会科学）二等奖、第十四届北京大学王力语言学奖二等奖、第六届湖北省社会科学优秀成果奖三等奖、第十届湖北省社会科学优秀成果奖二等奖、第十二届湖北省社会科学优秀成果奖三等奖。曾获得“湖北省有突出贡献中青年专家”称号、湖北省第二届“楚天园丁奖”。

◎作者简介

马碧　女，湖北襄阳人，文学博士，湖北文理学院讲师。主要从事历史语言学与汉语语法等方面的研究，在《湖北大学学报》（哲学社会科学版）等核心刊物发表论文多篇。

总序

Introduction

“明清汉语语法研究丛书”是国家社会科学基金重大项目“类型学视角下的明清汉语语法研究”（项目编号：15ZDB098）的结项成果，由《基于类型学视角的明清汉语连动式研究》《基于类型学视角的明清汉语交互表达研究》《基于类型学视角的明清汉语焦点结构研究》《基于类型学视角的明清汉语并列标记研究》《基于类型学视角的明清汉语“V得”致使构式研究》《明代南方官话语法研究》《汉语历时语法与词汇研究》七部著作组成。

《基于类型学视角的明清汉语连动式研究》通过对明清时期大规模历时语料的调查、分析，从类型学的角度考察了汉语连动式的性质和范围，制定了具有可操作性的判定标准，并在此基础上探讨了明清汉语连动式的跨语言共性特征及个性特征。通过对明清汉语连动式的使用情况与历时发展情况进行细致考察，本书分析和讨论了其发展趋势与动因机制。从使用面貌来看，明清汉语连动式的发展已较为成熟，结构形式和语义表达丰富多样。从区域特征来看，明清时期北方官话连动式相较南方官话连动式在结构形式上更为复杂，分布态势更为成熟，南北区域存在各自特有的句式。从共时的层面看，汉语连动式广泛存在，与并列和主从形成三足鼎立的局面。从汉语连动式自身的发展来看，连动式内部具有“并列—连动—主从”的演变规律。本书力图通过对明清汉语连动式的描写与解释，起到抛砖引玉的作用，从而推动更多相关研究的出现。

《基于类型学视角的明清汉语交互表达研究》以表达交互义的核心要素为线索，从交互标记、指代交互、言语交互、空间交互和行为交互五个方面，全面综合地描写了明清交互词语的使用情况。通过广泛细致地分析各核心要素的交互表达理据，本书发现普遍存在的交互范畴可以从施受关系、共事关系和客观时空关系三个方面进行描写和判定，并依次制定了与以往不同的更全面的交互判定标准。通过细致的考察，本书揭示了“相”与“互”交互义的来源差异以及由此带来的用法上的差异，发现并揭示了比较范畴中的交互表达的典型性斜坡，发现并揭示了“彼此”的交互表达功能源于它的指代性。交互范畴是语言中的显性范畴，本书力图通过对明清汉语交互词语的描写与解释，以期能起到抛砖引玉的作用，从而推动更多相关研究的出现。

《基于类型学视角的明清汉语焦点结构研究》以明清汉语焦点结构为研究对象，考察了明清汉语焦点结构的使用情况与整体特征，重点探究了明清汉语中特有的“×的是、×便是”以及“是、只、就、才、连”字结构、重动句和分裂结构在这一时期的使用，对它们的句法和语义特征进行了详尽的描写。本书在共时层面上提出了全新的焦点结构分类方法，根据焦点结构所处的逻辑位置将焦点结构分为前置型焦点结构、后置型焦点结构、连接型焦点结构以及背景标记型焦点结构。前置型焦点结构在句法上具有浮动性，在语义上表示排他或者限定；后置型焦点结构在句法上常位于句末，在语义上暗含取舍；连接型焦点结构在句法上连接两个成分，在语义上则存在多种类型；背景标记型焦点结构存在提示句中某项作为背景的成分。本书在历时层面上探讨了各类焦点结构的来源及其演变，前置型焦点结构最早产生，连接型焦点结构随后，后置型焦点结构在元明汉语中产生并出现了结构替换，背景标记型焦点结构则是在近代汉语中产生。本书对部分结构的来源及演变提出了新的看法，其中包含了前置型焦点结构“是”的产生历程，前置型焦点结构（限定副词）“就”来源于纵予连词“就”等相关研究。

《基于类型学视角的明清汉语并列标记研究》以明清汉语为研究时段，以“并列聚合”下的并列、承接、递进、选择四类连词为具体切入点，在系统描写的基础上，着重从历时性角度对汉语并列标记的来源、发展、演变及其内部动因进行了系统性的探讨。明清时期单语素并列连词仍占重要地位，主要承担句内连接的作用。这一时期，框架式并列连词集中出现并臻于成熟，填补了汉语句际并列连词的缺失。明清时期单语素承接连词衰萎，双音承接连词占主导地位，并且单语素双音节两类连词语法功能上的分工更加明显。单语素承接连词主要用于句内连接，没有句际分句或句子之间的用法，双音承接连词则一般用在句际分句，基本没有句内用法。明清时期通过同义复合、词组凝定、词汇黏合等方式新生一批双音递进连词，否定词和限止副词跨层黏合而成的“不但”类与否定词和言说动词黏合而成的“不说”类，在这一时期表现出强大的能产性和类推性。明清时期新生选择连词构成这一时期选择连词系统的主体，结构式的连词化是选择连词生成的重要方式。本书较为完整地描写了明清时期并列结构的概貌，并通过与共同语乃至其他地区的方言进行比较，从而弄清共同语和不同方言区之间并列标记的共性和个性，为更准确、科学地勾勒近代汉语语法提供了材料及理论支撑。

《基于类型学视角的明清汉语“V得”致使构式研究》以明清汉语“V得”致使构式为研究对象，在类型学视角与构式语法框架下，从构件特点、各子构式的形式与语义特点、构式在时间和空间上的特征等角度对该构式进行了全面、详尽的描写。同时基于构式层级互动与构式网络理论，研究了该构式内部、外部的互动，构建其所在的汉语致使构式网络，并从历时演变角度探讨了该构式在网络中作为节点的出现及其演变路径。基于相关研究，本书得出了主要结论：明清该构式各类子构式在形式结构、语义特征上都存在明显区别；该构式处于致使连续统的最右侧，是间接致使；其构式内部和构式外部存在互动关系和承继链接，其与英语 into-致使构式存在特殊联系；从明清到现代汉语，该构式谓词性致使者趋多，无生命致使者趋多，特殊子构式种类增多，多结果类“V得”致使子构式趋少；该构式在南北官话中存在不同特征。本书提出了汉语“V得”致使构式新的分类方法，并基于构式语法层级互动理论，探讨了“V得”致使构式内部、外部的互动。此外，本书结合语义地图与致使连续统理论，简略绘制出了汉语致使构式网络，分析了其在汉语致使构式网络中的地位及作用，考察了该构式与英语 into-致使构式的异同，为完善世界语言致使构式网络提供了类型学支撑。

《明代南方官话语法研究》以《初刻拍案惊奇》和《二刻拍案惊奇》（合称《二拍》）作为明代南方官话的代表语料，立足于《二拍》的文本语言事实，从语言类型学理论的思路和视角，对《二拍》的词类和句法现象进行描写和解释。由于涉及“明代南方官话”这个比较大的概念，《明代南方官话语法研究》采用了点面结合、以点带面的撰写原则，既关注描写范围的广度，也对重要的语法点进行专题阐释，关注描写内容的深度。本书坚持的基本研究价值观是描写出明代南方官话语法的基本面貌和重点语法现象的语言学特征，并进行合理的解释。本书的词类部分，主要描写了代词、数量词、介词、连词、助词等语法问题。本书的句法部分，主要阐释了动补结构、双宾语结构、被动结构、疑问句、“比”字比较句、致使结构、处置式等七个重要的句法现象。本书对明代南方官话句法部分的阐释，兼顾了已有的相关研究，同时根据语言类型学的基本原理和理念，结合现代语言学跨学科的价值取向和数据人文研究方法，在对句法现象和句法特征进行具体描写的过程中，融入了新的思考。

《汉语历时语法与词汇研究》基于典型、可靠的文献语料，借鉴语法化、认知语言学等的理论方法，重点对一系列明清时期的语法、词汇现象进行了研究，分析语言成分的典型意义、扩展功能和边缘功能，讨论其历时来源、演变过程和相应的机制与动因。本书所涉及的研究对象，大多是方所词或与方所词有历史关联的语言成分。全书的主要内容包括：样态（或情态）助词“家”的来源和形成以及后续变化；派生语素“家”的类型及其来源与形成；“里”由方位词到语气助词和情貌助词，以及词缀成分“里”的演变；方位词“后”是怎样变化为假设助词和语气助词的；方位语素“头”表示时间的类型、来源与形成；“×间”“×/中间”表达时间和事件的类型及其关系；情状助词与词缀“生”的来源；指物名词“东西”的来源及形成；清代以来北京话副词“左不过”“左不是”的来源与构成；约量助词“许”与数量形容词“少许”的来源和形成；量词“合”与“盒”之间的关系及其形成；“多”“多么”的来源与形成；明清时期南方方言问数词“许多”和问数词“几化（×）”的来源以及功能变化等。结论是基于各章对问题的研究做一些理论或综合性的思考。

“明清汉语语法研究”丛书的出版，不仅得到了国家社会科学基金重大项目资金的资助，也得到了湖北大学文学院“双一流”学科建设经费的支持。在此，对支持本项目立项和结项的各位匿名专家表示衷心感谢，感谢你们一直以来关心和支持本项目的研究工作，并对本项目结项成果提出了宝贵的修改意见。同时，还要感谢湖北大学人文社会科学研究院和文学院领导对本项目的重视，并提供了部分资金支持。最后，感谢本丛书各位作者的努力研究和辛勤付出，以及华中科技大学出版社各位领导和周晓方、宋焱编辑对本丛书出版的大力支持。

石锓

2022 年 11 月于湖北大学文学院

前言

Preface

焦点结构是汉语研究的一个热点问题，以往学界对焦点结构的研究多重在考察哪些结构可以表述焦点，以及句法结构与焦点成分之间的互动关系，且研究的时代多集中在现代汉语时期。明清时期是汉语语法与语法史研究中的重要时期，但笔者目前尚未发现有人对明清时期的焦点结构进行全面的梳理。

本书对明清汉语的焦点结构进行了系统的分类，根据其所处的逻辑位置，将焦点结构分为前置型焦点结构、后置型焦点结构、连接型焦点结构以及背景标记型焦点结构；在共时层面上，对各类焦点结构的句法语义特征以及标记焦点的特性进行了详细的描写；在历时层面上，对各类焦点结构进行了细致的探源。总之，本书对明清汉语焦点结构进行了共时与历时层面的综合研究，为全面考察汉语焦点结构提供了思路。

目录

Contents

第一章
焦点的界定与焦点结构辨析

焦点是语言学多个学科和多个学派关注的热点问题，然而人们却未能对这个概念形成统一的认识。Gundel 将焦点分为三类：① 心理焦点（psychological focus），指听说双方目前注意力的集中点；② 语义焦点（semantic focus），用来陈述话题的新信息；③ 对比焦点（contrastive focus），指说话人出于需要而特意强调的句子中的某个部分，包括说话人觉得听话人的注意力可能不在某个事物上，某个成分与其他成分处在显性或隐性的对比中，以及话题的转换。三者之间既不等同（equivalent），也不互相对立（antithetical）。[①]

关于 Gundel 的这种分类，徐杰指出，这只能算是对焦点含义的三种不同的理解，三者之间缺少共同的语言特征，尤其是“心理焦点”，它大概真的是“心理学意义下的焦点”，而“语义焦点”和“对比焦点”这两个概念之间不存在对立，前者重在“信息之新”，后者重在“强调之必要”。徐杰认为，在语言学的意义下，只有一种焦点，也就是作为一种非线性语法范畴的“语法焦点”，是说话人判定为相对重要而决定用语法手段进行强调的对象，即语法化了的语用特征，其背后的语义基础是说话人认为某成分“相对重要”（contrastively more prominent）。至于为什么说话人认为某成分相对重要，那完全是出于说话人自

---

① Gundel J K. On Different Kinds of Focus：Discourse［C］//Bosch P，Van der Sandt R. Focus：Linguistic，Cognitive，and Computational Perspectives. Cambridge：Cambridge University Press，2011：293-305.

己的心理判断，和语法规则系统无关。[①] 本书所指的焦点就是这种焦点，而用来表示焦点的语法手段，尤其是句法手段，则是本书要研究的焦点结构。本章首先对学界关于焦点和焦点结构的研究进行回顾，在此基础上对汉语焦点做出界定，进而辨析明清汉语焦点结构。

第一节　什么是焦点

一、焦点表现为重音

语言学界最初将焦点看作韵律现象。Bolinger 指出，韵律重音（prosodic stress）标记负载高度集中信息的句子重心（point）[②]；Chomsky 认为焦点是韵律上的突出成分[③]；Halliday 用焦点来指称信息单元中韵律突出的部分[④]。重音作为焦点的外在表现形式，二者之间被认为存在一定的对应关系。Chomsky 提出，语法和心智的概念-意向系统接口，焦点解释需符合重音-焦点对应原理，即子句的焦点是任何包含对应于该子句的语调短语的主重音句法成分[⑤]；祁峰指出，采用重音来显示焦点是符合象似性原则的，焦点的信息量大，所以它的语音形式也大[⑥]。

凡是包含重音的任何一个句法成分都可能成为焦点，焦点投射的概念就应运而生。有不少学者认为，焦点投射是句法概念而非语音概念，焦点只是在语音和语义层次上有所体现。Selkirk 就严格区分了语调和重音，认为焦点的确定与语调变化直接发生关系，而不与重音规则发生关系，并指出焦点不局限于体

---

① 徐杰．普遍语法原则与汉语语法现象［M］．北京：北京大学出版社，2001：117-162.

② Bolinger D L. English Prosodic Stress and Spanish Sentence Order［J］. Hispania，1954，37（2）.

③ Chomsky N. The Logical Structure of Linguistic Theory［M］. New York：Plenum Press，1975.

④ Halliday M A K. Notes on Transitivity and Theme in English：Part 2［J］. Journal of Linguistics，1967，3（1）.

⑤ Chomsky N. Language and Mind［M］. Cambridge：Cambridge University Press，2006：88-101.

⑥ 祁峰．现代汉语焦点研究［M］．北京：中西书局，2014：76.

现语调变化的结构成分，而且焦点可以是包含语调变化成分的短语[1]；Rochemont 则指出，焦点和句重音、焦点和语调变化之间有很多种关系，但是并不存在充分必要关系，例如，英语特殊疑问句中体现语调变化的句末成分可以是非焦点，Rochemont 在此基础上提出了新核心重音规则，语调变化体现在句中带焦点标记成分的最后一个实词上[2]。

（一）重音在句子内的分配与焦点的常规位置

关于重音在句子内的分配，语言学家提出了多种音系学规则，如 Chomsky 和 Halle 提出核心重音规则（Nuclear Stress Rule，NSR），即核心重音落在句末实词上[3]；Jakendoff 考虑了焦点不落在句末实词的情况，在表层结构中加上了标记：如果选中句子 S 中的一个短语 P 作为焦点，那么 S 中的最重音落在 P 中按常规重音规则获得最重音的音节上[4]；Cinque 则考虑了不同语言中重音的不同位置，将核心重音的位置定为树形图递归方向嵌套最深的位置[5]；Zubizarreta 指出，在核心重音规则与焦点突出规则（Focus Prominence Rule）之间存在矛盾，对于英语、德语等日耳曼语言来说，使用核心重音规则时，可以不理会带有非焦点标记［－F］的成分，即使不处在句子后段，重音仍然落在带有焦点标记［＋F］的名词短语的最后实词上，而对于西班牙语和葡萄牙语等罗曼语言来说，采用句法移位的方式使核心重音规则和焦点突出规则一致，即带有焦点标记［＋F］的短语落在句末[6]。

---

① Selkirk E O. Phonology and Syntax：The Relation between Sound and Structure［M］. Cambridge，MA/London：MIT Press，1984.

② Rochemont M S. Focus in Generative Grammar［M］. Amsterdam/Philadelphia：John Benjamins，1986：5-36.

③ Chomsky N，Halle M. The Sound Pattern of English［M］. New York：Harper & Row，1968：89-91.

④ Jakendoff R S. Semantic Interpretation in Generative Grammar［M］. Cambridge，MA/London：MIT Press，1972：237-241.

⑤ Cinque G. A Null Theory of Phrase and Compound Stress［J］. Linguistic Inquiry，1993，24（2）.

⑥ Zubizarreta M L. Prosody，Focus，and Word Order［M］. Cambridge，MA/London：MIT Press，1998：37-92.

句末被视作自然重音的落点，也就是所谓的焦点常规位置。但是从类型学的角度来说，不同的语言存在不同的焦点常规位置，主要包括以下四种①。

第一种是动词前。这里主要指严格的动词位于句末的语言，如土耳其语，藏缅语系的夏尔巴语，达罗毗荼语系的泰卢固语、Laccadive Malayalam、泰米尔语、印度雅利安语、孟加拉语、克什米尔地区的 Dogri、古吉拉特语，以及蒙古语、朝鲜语、日语、印度斯坦语②、匈牙利语、罗马尼亚语、意大利语③、加泰罗尼亚语、希腊语、阿拉伯语、芬兰语④、巴斯克语⑤。

第二种是句首。这里主要指以 VSO 为优势语序的语言，即在疑问句中总把疑问词或疑问短语放在句首⑥，也包括 VI 语言，即谓语在时间序列小句中位于句首，如玛雅语支的 Mam，东尼罗语支的马赛语、爱尔兰语，Surmic 语支的 Tennet，南尼罗语支的 Nandi，南岛语系的 Toba Batak⑦ 等。

第三种是动词后。这里主要指亚非语系的部分乍得语，例如 Bada⑧、班图语⑨。

---

① 这里的四种焦点常规位置是有可能重合的，如汉语中的动词后位置一般就是句末位置，但是这里不做具体的区分。

② Kim A. Preverbal Focusing and Type XXIII Languages［C］//Hammond M, Moravcsik E A, Wirth J. Studies in Syntactic Typology. Amsterdam/Philadelphia：John Benjamins，1988：147-172.

③ Lambrecht 曾指出，意大利语存在可以把主语放在动词后表达的窄焦点结构。

④ Kiss K É. Identificational Focus versus Information Focus［J］. Language，1998，74 (2).

⑤ Ortiz de Urbina J. Focus in Basque［C］//Rebuschi G，Tuller L. The Grammar of Focus. Amsterdam/Philadelphia：John Benjamins，1999：311-334.

⑥ Greenberg J H. Some Universals of Grammar with Particular Reference to the Order of Meaningful Element［C］//Greenberg J H. Universal of Language. Cambridge，MA/London：MIT Press，1963：73-113.

⑦ Payne D L. Verb Initial Language and Information Order［C］//Downing P，Nooan M. Word Order in Discourse. Amsterdam/Philadelphia：John Benjamins，1995：449-486.

⑧ Tuller L. The Syntax of Postverbal Focus Constructions in Chadic［J］. Natural Language and Linguistic Theory，1992，10 (2).

⑨ Downing L J. The Prosody of Focus in Bantu Language［R］. International Conference on Tone and Intonation，Santorini，2004.

第四种是句末。这里主要指严格的 SOV 语言，如阿姆哈拉语和索马里语[①]，乍得语支的 Tangale 和 Ngizim [②]，以及僧伽罗语和泰米尔语[③]。

（二）汉语焦点的常规位置

汉语通常被认为具有尾焦点的倾向，即所谓的尾重原则：在中性语境中，句子的重音通常会落在处于句末位置的宾语上。这种倾向常常被视作语法化的动因，如连动结构的语法化（把字句、被字句的产生），“VO 了”演变为“V 了 O”等。王韫佳等通过实验研究的方法，观察了 300 个自然语句中焦点重音的分布情况，发现句子中的焦点重音倾向于后置，即如果句子有宾语，那么焦点重音倾向于落在宾语的附加语上，如果句子没有宾语，那么焦点重音倾向于落在谓语部分，但是在谓语附加语和中心词之间没有表现出显著的倾向性[④]；张慧丽、潘海华则指出，句尾信息焦点在单个句子内部的横向比较中缺乏音高凸显，但是具备明显的音长显著性和更宽音域，纵向上相对于旧信息又具有音高显著性，在听感上则提供了结构层面的听感显著性[⑤]。

与尾重原则相对，端木三提出了辅重原则（non-head stress），即语句重音应该落在辅助成分上[⑥]，但这个原则多用来研究复合词。袁毓林在此基础上指出，向心结构（endocentric construction）在结构上可以看作其核心成分的扩展形式，比核心成分的内嵌层次要深，在表达上负载了比较重要的信息，因为如果核心成分传达的信息已经足够充分，那么就没有必要再引入辅助成分，因此

---

① Hetzron R. The Presentative Movement or Why the Ideal Word Order is VSOP［C］// Li C N. Word Order and Word Order Change. Austin：University of Texas Press，1975：346-388.

② Tuller L. The Syntax of Postverbal Focus Constructions in Chadic［J］. Natural Language and Linguistic Theory，1992，10（2）.

③ Herring S C，Paolillo J C. Focus Position in SVO Languages［C］//Downing P，Nooan M. Word Order in Discourse. Amsterdam/Philadelphia：John Benjamins，1995：163-198.

④ 王韫佳，初敏，贺琳．汉语焦点重音和语义重音分布的初步实验研究［J］．世界汉语教学，2006（2）.

⑤ 张慧丽，潘海华．汉语句尾信息焦点与重音实现［J］．当代语言学，2019（1）.

⑥ Duanmu San. A Formal Study of Syllable，Tone，Stress and Domain in Chinese Languages［D］. Cambridge，MA：MIT，1990：141-148.

辅助成分在语义上就成为句子的自然焦点[①]。李湘、端木三就以调查问卷的方式进行了小样本的重音语感测试，发现即便在中性语境之下，句子重音也并非整齐划一地落在句末位置，句中的各种成分（主语、状语、动词、宾语）都有被受试者选择重读的可能，初步结论包括：句子主语被选择重读的可能性最小；方式状语获得重读的倾向性明显超过句中其他句子成分；在 SAV 句式中，句末动词获得重读的倾向性比较高，但并不高于方式状语；在 SAVO 句式中，句末宾语获得重读的实际比例不高；状语成分比句末动词、句末宾语更容易吸取句子重音这一结论具有统计学意义上的显著性。李湘、端木三指出，宾语成分在音节数量上表现出来的显著性并不等同于确认焦点时所依据的语音显著性[②]。

二、焦点反映新信息

一种常见的对于焦点的认识是，焦点反映新信息。那么，何为新信息呢？Halliday 认为，旧信息是可以从上文中找回的（anaphorically recoverable），而新信息则至少存在三种情况：① 从文字和情境中都无法推理出的信息（textually and situationally underivable information）；② 和预期或者陈述的选择项相反；③ 替换问句中疑问词的信息。他将焦点和新信息联系起来，认为焦点反映新信息[③]。

新信息通常是相对于给定（given）信息而言的。给定信息指的是明显被提及的、言者为听者呈现的、可以复原的信息[④]。许多学者从话语结构的维度出发，来判定句子成分属于新信息或是给定信息，包括信息处于对话之中或对话之外，是否处在听者意识之中等，如 Allerton 将信息性划分为四个等级：新（言者不假定听者知道他/她在说什么）、半新（言者要求听者知道他/她在想什么，但只有通过追寻相对遥远过去的文本或心灵深处才能回忆起来）、半给定（要求听者意识到该所指对象在最近的过去已经被提及或变得明显）和给定（在

① 袁毓林．试论“连”字句的信息结构特点——兼论“都”的右向约束功能的形成机制［J］．语言科学，2006（2）．

② 李湘，端木三．“自然焦点”有多“自然”？——从汉语方式状语的焦点结构地位说起［J］．世界汉语教学，2017（4）．

③ Halliday M A K. Notes on Transitivity and Theme in English：Part 2［J］．Journal of Linguistics，1967，3（1）．

④ Halliday M A K. An Introduction to Functional Grammar［M］．London：Edward Arnold，2004：227．

最近过去的语境中，听者谈论或被标示是理所当然的）[①]；Prince 则将语篇中名词短语的信息性划分为三类：新的（新创建的全新实体、新创建的与已存在于话语模型中实体相关联的实体、听者已知但尚未被置于话语模型中的实体）、可诱发的（已经存在于话语模型中、可以被文本诱发，或者处在当前情境之中被情境诱发）和可推理的（言者假设听者可以从话语模型中的已有实体推理出来的实体）[②]。上述划分方式多是将提出的范畴与特定的语言形式相连接，而 Brown 和 Yule 则指出，如果只能依靠语言形式来确定信息状态，那么似乎并不总是能清楚地标记相关的状态，如果句法和语调都被视为“给定”的标准，那么这些形式可能会向听者提供矛盾的信息[③]。在 Halliday 的论述中，信息的地位被认为是由言者而非话语结构决定的，被标记为新的信息是言者最后选择呈现为新的东西，而话语结构的预测只是有很高的可能性实现。

焦点和新信息之间是否具有单纯的对应关系受到了部分语言学家的质疑。Vallduvi 指出，焦点成分本身的新旧并不影响其提供信息使听者增长知识的能力，将其称为焦点，仅仅说的是其在句子的信息包装（packaging）[④] 结构中相对于与之联系的其他成分的地位（standing）[⑤]。Lambrecht[⑥]，以及 Sperber 和 Wilson[⑦] 则进一步指出，言者向听者知识库添加的新信息并非焦点本身，而是焦点成分的所指与预设之间建立的关系。Lambrecht 从布拉格学派的句子功能

① Allerton D J. The Notion of “Givenness” and Its Relations to Presupposition and to Theme [J]. Lingua，1978，44 (1).

② Prince E F. Toward a Taxonomy of Given-New Information [C] //Cole P. Radical Pragmatics. New York：Academic Press，1981：223-255.

③ Brown G ，Yule G. Discourse Analysis [M]. Cambridge：Cambridge University Press，1983：153-189.

④ 大体上而言，句子的信息包装（packaging）或组构（structuring）模式反映了说话者对于这个信息如何填补听话者的知识库的看法，涉及句子的组织形式和事物的指称形式。Vallduvi 指出，信息包装表示非句法（nonsyntactic）、非逻辑语义（non-logico-semantic）的句子结构，可以被看作包括不同种类解释的句子的意义的一部分，这些解释对于完整理解句子来说是必要的，因为这些解释不仅包括逻辑语义的解释，而且包括信息意义的解释。

⑤ Vallduvi E. The Information Component [M]. Philadelphia：University of Pennsylvaia，1992：20-26.

⑥ Lambrecht K. Information Structure and Sentence Form [M]. Cambridge：Cambridge University Press，1994：206-221.

⑦ Sperber D，Wilson D. The Mapping between the Mental and Public Lexicon [C] // Carruthers P，Boucher J. Language and Thought. Cambridge：Cambridge University Press，1998：184-200.

观出发，区分了以下两种情况：① 谈话参与者脑中个别句子成分所指的语用情况；② 扮演谓语或论言的所指与命题之间所建立的语用关系，这种语用关系的建立使得信息得以传达。Van Valin 和 Lapolla 同样指出，不是所谓的新信息本身具有信息价值，而是新信息和旧信息之间的关系使得断言具有信息价值，旧信息是由话语所激发的能构成理解话语所需的语境的一组假设，也就是说，某个单一的成分无所谓信息的新旧，即使某一成分的所指已经在前面的话语中出现，但是如果满足了一个新的断言，那么这个成分仍然是新信息的一部分[①]。

下面介绍几个与焦点的信息性相关的概念。

（一）预设

形式学派引入语义学中“预设”（presupposition）的概念，在预设-焦点的框架下给焦点下定义。Jakendoff 认为焦点是言者假定的不与听者所共享的那部分信息，预设是言者假定的与听者所共享的那部分信息，用适当的语义变量去替换焦点的语义材料就可以推导出句子的预设。这种非共享的信息在陈述句中表现为言者假定其为言者所知但是听者不知，在疑问句中表现为言者假定其为听者所知但是言者不知[②]。Rochemont 不使用预设的概念，而是使用“语境中可确定的”（c-construable）这一概念，“当一个语符列 P 在话语 D 中存在语义先行成分时，那么 P 就是语境中可确定的”，而焦点是语境中不可确定的词语[③]。Lambrecht 认为焦点是将断言（assertion）与预设区分开的成分，在话语中不可预测（unpredictable）或语用上不可复原（non-recoverable）[④]。

Prince 和 Collins 则更为关注预设的命题性。Prince 在预设的基础上提出了“开命题”（open-proposition）的概念，代表在大多数情况下突显的共享信息（例如在当下的话语模型或听者的意识中），之所以使用开命题而非预设的概念，是因为预设所表示的“共享信息”需要被理解为当前话语中听者和言者都相信为真的命题，而开命题只需要言者假定听者相信该命题为真而不需要言者自己

① Van Valin R D，Lapolla R J. Syntax：Structure，Meaning and Function［M］. New York：Cambridge University Press，1997：201-206.

② Jakendoff R S. Semantic Interpretation in Generative Grammar［M］. Cambridge，MA/London：MIT Press，1972：229-278.

③ Rochemont M S. Focus in Generative Grammar［M］. Amsterdam/Philadelphia：John Benjamins，1986：5-36.

④ Lambrecht K. Information Structure and Sentence Form［M］. Cambridge：Cambridge University Press，1994：207.

相信其为真[1]；Collins 则明确指出预设是一种“给定的命题”，它的知识性或者假设性是句子成功的必要条件，依赖于句法和语义因素的结合，既可以作为一个从句实现，也可以作为可被重构为一个句子的成分实现[2]。

不少学者认为预设是可以由词汇词法激发的，是语言成分的特征，这些成分存在预设结构（presuppositional structure）来激发说话者的预设，可以采用否定测试法或测谎法来判断一个语言成分是不是预设结构，预设是不能被否定的。语言中存在可以产生预设的预设触发语（presupposition trigger）或潜在预设提示语（indicator of potential presupposition），如下面的三个例句：

（a）John managed to stop in time.

（b）John tried to stop in time.

（c）John stopped in time.

在这里，只有（a）可以激发（c），即 manage 是可以产生预设的语言项目。Levinson 将预设触发语分为 13 种，包括有定描述（definite description）、事实动词（factive verb）、蕴含义动词（implicative verb）、改变状态的动词（change of state verb）、重复（iterative）、评价动词（appraisal verb）、时间从句（temporal clause）、分裂句、负载重音成分的隐含分裂句、对比和比较、非限制性关系从句、反事实条件、疑问句等[3]。

关于预设/焦点结构的研究主要涉及两个问题：预设了的信息作为焦点，以及未给定的信息作为预设。

第一个问题是预设了的信息作为焦点。Schmerling 指出，用预设来给焦点下定义这种方法不足以概括叙实性谓词（factive predicate）的情况，当句子中出现叙实性谓词的时候，其补足语在逻辑上而言是已经预设好了的，但是这类补足语却可以成为句子的焦点[4]。例如，句子“I didn’t realize that Mary was bald”中“Mary was bald”是已经预设好的，然而在下面的例子中，“Mary was bald”却是焦点：

---

① Ellen E F. On the Syntactic Marking of Presupposed Open Propositions [A] //Farley A, Farley P, McCullough K-E. Proceedings of the 22nd Annual Meeting of the Chicago Linguistic Society. Chicago: Chicago Linguistic Society, 1986: 208-222.

② Collins P C. Cleft and Pseudo-Cleft Constructions in English [M]. London: Routledge, 1991: 93-94.

③ Levinson S C. Pragmatics [M]. Cambridge: Cambridge University Press, 1983.

④ Schmerling S F. Aspects of English Sentence Stress [M]. Austin: University of Texas Press, 1976.

A：I thought you realized that Mary has a husband.

B：I did！But I didn’t realize that Mary was bald.

据此，Zubizarreta 指出，构成 B 的断言不是“Mary was bald”所表示的命题，而是对言者已经意识到“Mary was bald”的否定。应该区分两种不同的预设，一种是对语境有依赖性的预设，另一种是不依赖于语境的预设。由词汇的意义所带来的预设是与语境无关的，用来定义焦点的预设是与语境有关的预设[①]。换言之，预设/焦点结构只是在某种程度上受到指称性新旧的影响，但并不绝对取决于指称性新旧，静态的相关性旧信息，在动态语境中不一定也是相关性旧信息。这实际上就是上面提到的，言者向听者知识库中添加的新信息往往并非焦点本身，而是焦点成分所指与预设之间建立的关系，即焦点成分的所指未必都代表指称性新信息，焦点和新信息之间并不存在简单的对应关系。

第二个问题是未给定的信息作为预设，即预设调整。Lewis 认为，在一个成功的会话中，有些东西需要被预设为言谈双方共享的知识，并且提出了“预设调整规则”（rule of accommodation for presupposition）：如果 t 时间某人说了某句话，这句话需要预设 P 才能接受，而 t 时间前并没有预设 P，那么在条件不变的情况下和一定范围内，说这句话的 t 时间，预设 P 就自动产生[②]。Lambrecht 用 before 从句来说明预设调整，指出当说话者使用 before 从句作为预设时，即使它表述的内容上文没有出现，言者在说这句话时也在听者脑中创建了这个预设或这个预设自动（autonomously）生成了，并作为下文叙述的背景；同时 Lambrecht 进一步指出，在对句子进行否定测试时，是主句的内容而非 before 从句的内容真值被否定，符合预设不能被否定的性质[③]。钟小勇则指出，一个完整的语用调整至少需要考虑三个因素：① 前提条件是说出的话为预设触发语；② 适宜条件包括与前文话语有足够的联系、有足够的描写内容、标记为话题、作为习语的一部分以及说话者非常肯定；③ 完结条件是受话人至少是默认或无异议或没有理由怀疑[④]。

---

① Zubizarreta M L. Prosody，Focus，and Word Order［M］. Cambridge，MA/London：MIT Press，1998：1-7.

② Lewis D. Scorekeeping in a Language Game［J］. Journal of Philosophical Logic，1979，8（31）.

③ Lambrecht K. Information Structure and Sentence Form［M］. Cambridge：Cambridge University Press，1994：65-73.

④ 钟小勇．重动句信息结构研究［D］. 上海：复旦大学，2008：107-110.

（二）话题

《现代语言学词典》（第 7 版）定义句子的话题是对其做出说明的那个实体（人、物等），而对这个实体的进一步说明则是评述。徐烈炯、刘丹青总结了语言学界关于话题的四类定义：一是把话题看作已知信息；二是认为话题表示一个（话语的或信息的）出发点，或者说是句子的基本参照点；三是认为话题是关于句子要说的事；四是认为话题是交际动力的基点[①]。话题在焦点研究中的争议在于，话题和焦点能否统一在一个句法成分上。

如果将话题看作已知信息，并认为焦点传递新信息的话，那么显然二者属性相斥，话题不能作为焦点。新布拉格学派的学者，如 Sgall、Hajičová 和 Paneová，在 Halliday 的基础上就语言的信息结构提出了话题-焦点结构（topic-focus articulation）这个概念，认为话题和焦点分别依据语境有界性（contextual boundedness）和语境自由性（contextual freeness）来定义。其中，前者意为在听者的记忆中可及（accessible），即可以在共享的知识库中越过某个确定的门槛得以突显和激活[②]。如“Beavers build DAMS”（“dams”语音凸显）这个句子可以做出三种话题-焦点切分，“beavers｜ build dams”，“beavers build｜ dams”和“｜beavers build dams”，话题作为焦点的背景而存在，在形式上依据焦点而分布。形式学派的部分学者则从信息传递的角度指出，话题、述题常常与已知信息、未知信息联系在一起，焦点被看作新信息或新信息的一部分，因此话题不能是焦点，如 Lambrecht 指出，焦点是断言的核心，而话题是预设的核心[③]。

在另一些学者那里，对比则是更受到重视的焦点特征，如果句子中的某个成分表示对比，那么这个成分就有可能成为句子的焦点，“话题位置上的成分如果带了对比重音做焦点，就可以表示一种对比性的新信息”[④]。学界就此提出了一个新的概念——话题焦点/焦点话题，即对比话题是焦点。Ernst 和 Wang 指出，普通话 OSV 中的 O 是话语话题，而 SOV 中的 O 是焦点话题[⑤]。方梅指出，

---

① 徐烈炯，刘丹青．话题的结构与功能［M］．上海：上海教育出版社，2018：6-10

② Sgall P，Hajičová E，Paneová J. The Meaning of the Sentence in Its Semantic and Pragmatic Aspects［M］．Dordrecht：Springer，1986.

③ Lambrecht K. Information Structure and Sentence Form［M］．Cambridge：Cambridge University Press，1994.

④ 范开泰．语用分析说略［J］．中国语文，1985（6）.

⑤ Ernst T，Wang Chengchi. Object Preposing in Mandarin Chinese［J］．Journal of East Asian Linguistics，1995，4（3）.

汉语中的连字句标记的焦点是话题成分①。徐烈炯和刘丹青则给出了话题焦点的概念定义，认为话题焦点的特征是［一突出］［＋对比］，话题焦点只能以句外的某个话语成分或认知成分为背景在句中得到突出，而不能以本句中其他成分为背景，即话题焦点并不比句子的其他成分突出，句子可以有另外突出的成分，话题焦点的强调作用只表现在和句外成分的对比上，带话题焦点的句子的整个表达重点仍然在话题后的成分。徐烈炯和刘丹青指出，许多语言中起对比作用的话题，是和焦点采用相同的方式出现，在汉语中二者都可以重读，在英语中二者都用语调升降表示②。

“话题焦点”这一术语遭到了部分学者的反对。屈承熹讨论了话题焦点作为术语带来的问题，指出这一概念没有公认的名称，有人叫话题，也有人叫焦点，因为表达这种概念的词语起到双重作用，一方面与句外的词语起对比作用，另一方面在本句的信息结构中起话题作用，因此他建议以“对比话题”来取代“话题焦点”③。

“对比话题”这一术语则被认为和焦点之间存在差异。Lehmann 指出，话题和焦点都有可能是对比的。带有对比话题 X 的结构可以被解释为“as for X...”，而带有对比焦点 X 的结构可以被解释为“it is X that...”④。在下面的例句中，John 和 Paul 是对比话题，而 Linda 和 Sue 是对比焦点。

（a）—Who married whom?

—John married Linda，and Paul married Sue.

（b）—Who married whom?

—As for John，it was Linda he married，while as regards Paul，it was Sue he married.

周士宏也对徐烈炯和刘丹青提出的话题焦点概念提出了质疑，他指出，对比焦点和对比话题都表示某种对比关系，但是二者之间的差别是很明显的。从语用功能来看，对比焦点总包含纠错或矛盾的语用意义，对比的是焦点成分与其他可能的候选项（即不同的名词性成分 NP 之间的对比）；对比话题所要对比

---

① 方梅．汉语对比焦点的句法表现手段［J］．中国语文，1995（4）．

② 徐烈炯，刘丹青．话题的结构与功能［M］．上海：上海教育出版社，2018：84-88．

③ 屈承熹．Please，Let Topic and Focus Co-Exist Peacefully!［C］//徐烈炯，刘丹青．话题与焦点新论．上海：上海教育出版社，2003：260-280．

④ Lehmann C. Information Structure and Grammaticalization［C］//José M，Posse S. Teoretical and Empirical Issues in Grammaticalization. Amsterdam/Philadelphia：John Benjamins，2008：207-229．

的仍是对话题的不同陈述（即不同的谓语动词 VP 之间的对比），其作用在于提示不同的话题[①]。如下面的例句：

(a)（老王当过海军，）老张当过海军。（对比焦点）

(b)（老王当过空军，）老张嘛，当过海军。（对比话题）

要想解决话题能不能做焦点这个问题，就需要明确二者是否真的属性相斥。根据孙成娇的总结，话题至少存在两种理解方式：一种认为话题是述题的陈述对象；另一种则是以布拉格学派为代表的将话题理解为焦点的背景框架。前者对应于特定结构位置，主要通过直接成分分析进行辨认，与句子的语法结构直接相关，称为句法话题；而后者作为焦点的背景，在形式上则取决于焦点的分布，并不局限于某个结构位置，具有语境依赖性和动态性，称为语用话题。句法话题所承载的信息要么是语用话题，要么属于信息焦点[②]。

（三）背景

“背景”也被认为是与焦点相对的概念。《现代语言学词典》（第 7 版）认为背景与“前景”（foreground）相对，前景是指在话语中相对突出的某个成分，而背景是指话语的其余部分。在不同的学派中，背景的概念也不尽相同。

认知语言学家使用背景这个概念来构建“图形-背景”（figure-ground）理论。该理论指出，语言结构中的信息选择和安排是由信息的凸显度决定的，而凸显度受说话者的认知视角和所处语境的影响。沈家煊在图形-背景框架之下，对焦点做出定义，指出语义重心从认知心理上讲，是让人注意的“目标”（也叫“图像”），相对于“背景”而言，人感知两个物体之间的空间关系时，可以有两个相反的过程。一个是由“目标”到“背景”，如镜头先对准一座亭子，再逐渐拉远，展开一片湖面作为背景，这种情况下，亭子作为“目标”，湖面作为“背景”。另一个是由“背景”到“目标”，即先展开一片湖面，然后聚焦于一座亭子。中国人的感知过程有从“背景”到“目标”的强烈倾向[③]。方梅认为，“V 着”表达背景信息，并指出在实际语篇中，特别是在叙述语体中，前景部分是直接报道事件的进展、人物的互动的语句，背景部分是对事件进行铺垫、衬

---

① 周士宏．论对比话题与对比焦点［J］．黑龙江社会科学，2009（1）．

② 孙成娇将语句焦点定义为动态语境下句中信息强度最大的成分，凡是能通过焦点测试的汉语句子成分，都是潜在的信息焦点，同时将对比焦点处理为动态语境下体现对比的信息焦点。（孙成娇．汉语话题结构的动态句法［D］．杭州：浙江大学，2019：40-43.）

③ 沈家煊．不对称和标记论［M］．北京：商务印书馆，2015：258.

托的语句。在叙述语体中，前景部分实际在回答发生了什么这个问题，而背景部分不回答发生了什么，而是描绘那些相伴而生的状态①。

形式学派中关于背景的基本假设来源于Jakendoff所提出的“预设集”，该假设构建“算子—焦点—背景”的三分结构。三分包括算子（operator）、限定部分（restrictor）和核心部分（nuclear scope）。Partee将这个限定词/修饰语量化理念应用到焦点上，认为焦点被影射到核心部分，而背景（话题）被影射到限定部分，如果句内存在焦点敏感算子，那么句子就会被划分为焦点敏感算子、焦点、背景三个部分②，如下面的例句：

(a) Mary always took [John]$_F$ to the movies.
ALWAYS (Mary took x to the movies) (x=John)
算子　限定部分（背景）　核心部分（焦点）

(b) Most　logicians　like linguistics.
MOST　(logicians)　(like linguistics)
算子　限定部分（背景）　核心部分（焦点）

Vallduvi指出，焦点与背景相对，焦点构成句子的唯一信息化(informative)成分，在当前对话中是唯一对听者的知识库有贡献（或者是说话者认为有贡献）的成分，背景是焦点的补足语，与预设、开命题以及布拉格学派话题的覆盖范围是一致的，背景对于信息焦点来说像一个运输的框架，即引导一个合适的入口，使信息进入听者的知识库，指示听者信息是从哪里来和如何进入的。在交际命题中，背景编码的知识是说话者假定听者早就占有的知识。背景可以进一步划分为链接和尾部，并在此基础上做出三分层级（trinominal hierarchy）——链接（link）、焦点（focus）、尾部（tail）。其中，链接位于句首，用于指定向听者知识库中添加新信息的地址，即非焦点的句首NP；焦点是句子的必备成分，包含语调中心，需要参照语境来辨认；尾部表示句中剩余部分，表示向链接地址添加新信息的方式，尾部并不一定处在句尾③。下面的例子显示了三者的区别。

① 方梅．从“V着”看汉语不完全体的功能特征［C］//中国语文杂志社．语法研究和探索（九）．北京：商务印书馆，2000：38-55.

② Partee B H. Topic and Focus and Quantification [C] //Moore S, Wyner A. Proceedings from SALT 1. Ithaca: Cornell Working Papers in Linguistics, 1991: 159-188.

③ Vallduvi E. The Information Component [M]. Philadelphia: University of Pennsylvaia, 1992: 57-65.

（a）链接—焦点：The boss [$_F$ visited a broccoli plantation in COLOMBIA]

（b）焦点：[$_F$ The BOSS called]

（c）链接—焦点—尾部：The boss HATES broccoli.

（d）焦点—尾部：I can’t believe this! The boss is going crazy! ——BROCCOLI，he wants now.

三、焦点构建对比关系

Halliday将焦点定义为韵律上突出的成分，并在讨论对比焦点时指出：突出本身就是对比①，焦点成分就意味着对比。潘海华指出，对比是个比较过程，是突出的前提和条件，而突出则是对比的目的和结果，实质上，句子的焦点是通过对比实现的②。屈承熹指出，突出被默认为焦点的最必要特征，没有理由可以认定对比和突出能够彻底分开起作用③。袁毓林指出，任何焦点都有对比性④。

形式语义学从焦点关联⑤的角度研究焦点，将焦点与对比联系起来。以Jakendoff理论为代表的结构意义说认为，焦点句的语义值分别由焦点和背景两个部分的语义值组合而成，焦点的语义值是焦点短语的语义，而背景的语义值就是以变量替换焦点原来的位置，再以λ-抽象⑥把这个自由变量变成受约变量，变量受限于可比性（possible contrast）这个语义因素。以Rooth理论为代表的选项语义论则指出，焦点的语义功能是引入焦点成分本身的语义值之外的一个附加的语义值，这个附加值是一个包括普通语义值和可以用来替代普通语义值

---

① Halliday M A K. Notes on Transitivity and Theme in English：Part 2 [J]. Journal of Linguistics，1967，3 (1).

② 潘海华．每个句子都有焦点吗？[J]．山西师范大学学报，2000 (3).

③ 屈承熹．Please，Let Topic and Focus Co-Exist Peacefully! [C] //徐烈炯，刘丹青．话题与焦点新论．上海：上海教育出版社，2003：260-280.

④ 袁毓林．论“连”字句的主观化表达功能——兼论几种相关的“反预期”和“解-反预期”格式 [C] //吴福祥．汉语主观性与主观化研究．北京：商务印书馆，2011：398-426.

⑤ “焦点关联”最早是由Jakendoff提出，他指出，even、only、just这样的词语将表层结构上的一组节点确定为一个辖域，这组节点与该词语之间有着特定的结构关系，从而构成焦点关联。

⑥ λ-演算最早由Church提出，Montague将其运用在自然语言的形式语义学研究之中。从实质上讲，λ-抽象是通过λ-算子从已给定的谓词或者公式中产生新的复杂谓词的过程。

的集合，焦点就是在焦点项和其他候选项之间构建一种对比关系[①]。König 也指出，与焦点小品词关联的焦点与存在候选项集合的焦点表达的值相关[②]。

关于焦点与对比之间的对应关系，一方面，对比被认为是焦点的充分条件，句中任一成分构成对比即为焦点，很多学者由此提出了“话题焦点”的概念，对比话题是焦点；另一方面，对比则被认为是焦点的一个属性，对比与新信息作为焦点的不同侧面，构成信息焦点和对比焦点的分立，尽管使用的术语不甚相同，其概念外延也存在差异，但区分二者的精神是一致的，持这种观点的学者包括 Rochemont[③]、Kiss[④]、方梅[⑤]、刘丹青[⑥]等。这种分类思想贯穿在焦点分类中，尽管存在一些其他分类，但是大部分分类都可以和信息焦点与对比焦点的分类相对应，因为这些分类基本是把表述这两种类型焦点的手段提炼出来命名，如根据信息焦点和对比焦点出现的不同句法位置（如刘鑫民[⑦]的研究等），根据有无特别重音（如祁峰[⑧]的研究等）。

与焦点对比性相关的一个概念是预期，一般认为反预期信息是通过对比成为所在句子的焦点。

教育学认为预期是人们对行为结果预测性的认识，是一种可变化的心理状态，在人们对外界信息不断反应的经验基础上，或在推动人们行为内在力量的需求基础上，产生对自己或他人行为结果的某种预感性认识。语言学界常常讨论的概念则是“反预期”。所谓反预期，Heine 等指出，人类语言都有区别符合常规与偏离常规情状的表达手段，偏离常规的就是反预期，一般用某些标记加以编码，而符合常规通常是无标记的。他指出，反预期标记表达的是相关语境

---

① Rooth M. Association with Focus [D]. Amherst: University of Massachusetts, 1985; Rooth M. A theory of Focus Interpretation [J]. Natural language Semantics, 1992, 1 (1); Rooth M. Focus [C] // Lappin S. The Handbook of Contemporary Semantic Theory. London: Blackwell Publishers, 1995: 271-297.

② König E. The Meaning of Focus Particles: A Comparative Perspective [M]. London/New York: Routledge, 1991: 32.

③ Rochemont M S. Focus in Generative Grammar [M]. Amsterdam/Philadelphia: John Benjamins, 1986.

④ Kiss K É. Identificational Focus versus Information Focus [J]. Language, 1998, 74 (2).

⑤ 方梅．汉语对比焦点的句法表现手段 [J]. 中国语文，1995 (4).

⑥ 刘丹青．语法调查研究手册 [M]. 2 版．上海：上海教育出版社，2017：219-245.

⑦ 刘鑫民．焦点、焦点的分布和焦点化 [J]. 宁夏大学学报，1995 (1).

⑧ 祁峰．现代汉语焦点研究 [M]. 北京：中西书局，2014.

里两种情形的对比：一种情形是符合言者所熟悉、持有的或者他认为听者持有的常规（norm）、标准，另一种情形则偏离这样的常规、标准[①]。吴福祥则总计了三种反预期类型，分别是：① 与受话人的预期相反，即对受话人持有的某种看法、意见进行否认或辩驳；② 与说话者自己的预期相反，即言者原先对某一事态持有某种预期，但后来发现事实与其预期相反；③ 与特定言语社会共享的预期相反，即特定言语社会普遍接受或认可的先设，它是人基于对客观世界的认识和经验建立起来的一种常规，在认知语言学里，这种先设或常规通常被称为老套模式（stereotype）[②]。

汉语中典型的反预期结构包括连字结构，以及“甚至”“反而”结构等[③]。祁峰指出，在焦点和预期的对立中，预期的性质决定了整个结构的性质。根据预期的不同主体，预期至少可以分为两类。一类是自预期。所有的反预期副词，如“甚至、反而、竟然”等属于自预期，与之相似的“连……都/也……”结构也是如此。此时，它们既表示说话者的惊讶，又表示说话者认为该事件极端不合理，应予责备。另一类是他预期，即预期的主体为说话者的对立面（包括听话者与第三方等），所有反预期结构都不具有这一点特征，但所有表肯定的语气副词及与之相似的焦点现象都是如此，此时表示说话者对对方的反驳，又表示说话者认为该事件合理，对方应对自我认识进行修正[④]。

其他和预期相关的焦点研究还包括刘鑫民的研究。他从受话人即听者的预期出发，将听者难以预测的信息称为绝对信息焦点，而将听者根据上下文和语言背景知识比较容易预知但说话者为了某种需求故意将之加以强调的信息称作相对信息焦点[⑤]。

---

① Heine B，Claudi U，Hünnemeyer F. Grammaticalization：A Conceptual Framework [M]. Chicago：University of Chicago Press，1991.

② 吴福祥．试说“X不比Y•Z”的语用功能［J］．中国语文，2004（3）．

③ 袁毓林．反预期、递进关系和语用尺度的类型——“甚至”和“反而”的语义功能比较［J］，当代语言学，2008（2）；袁毓林．论“连”字句的主观化表达功能——兼论几种相关的“反预期”和“解-反预期”格式［C］//吴福祥．汉语主观性与主观化研究．北京：商务印书馆，2011：398-426．

④ 祁峰．现代汉语焦点研究［M］．北京：中西书局，2014：126-131．

⑤ 刘鑫民．焦点、焦点的分布和焦点化［J］．宁夏大学学报，1995（1）．

第二节 焦点结构的功能

焦点结构至少存在两种不同的解读方式。一种解读方式认为，焦点结构指用来表示焦点的语法手段。Lambrecht 指出，所有的语言都使用一系列手段来标记语篇中的信息，这些手段包括语调、形态标记、语序以及上述手段的结合[①]。徐烈炯指出，世界上的各种语言都有表达焦点的手段，大体上基本使用两种方法：一种是音系手段（如重音和语调），另一种是使用结构手段，结构焦点往往还会伴随形态焦点标记共同出现。例如，在英语中就可以使用分裂结构“It is... that...”来标记句子的焦点，这种分裂结构就是一种可以用来表达焦点信息的焦点结构[②]。另一种解读方式认为，焦点结构指的是对句子信息结构的解读方式。Lambrecht 就按照不同类型的语用结构命题，将句子的焦点表达分为话题-述题、指别（identificational）和事件报道（event-reporting，或呈现，即 presentational），三者分别归属于三类焦点结构——谓语焦点结构（predicate-focus structure）、论元焦点结构（argument-focus structure）和句子焦点结构（sentence-focus structure）[③]。Kiss 区分了认定焦点（identificational focus）和信息焦点（informational focus）两种焦点结构：前者在语义上是一个具有穷尽性和排他性的算子，涉及句法移位，而后者仅仅标记它所传载的信息的非预设性，同时不涉及句法移位。例如，英语中的分裂结构“It is... that...”就是 Kiss 认定的焦点结构。本书所指的焦点结构是指第一种，并且特指用来标记焦点的句法结构[④]。

焦点结构用来标记焦点，那么，何为“标记”？陈振宇、安明明在讨论反问标记时，把标记分为三类：最强的标记（专一的语法意义以及使用的强制性）、稍弱的标记（多个主要功能可选择以及使用的倾向性）、最弱的标记（标记功能

---

① Lambrecht K. Information Structure and Sentence Form [M]. Cambridge: Cambridge University Press, 1994.

② 徐烈炯．几个不同的焦点概念 [C] //徐烈炯，潘海华．焦点结构和意义的研究．北京：外语教学与研究出版社，2005：11-29.

③ Lambrecht K. Information Structure and Sentence Form [M]. Cambridge: Cambridge University Press, 1994: 221-238.

④ Kiss K É. Identificational Focus versus Information Focus [J]. Language, 1998, 74 (2).

附带以及功能辅助性）[①]。徐杰、李英哲指出，不存在单纯的焦点标记词，即独立于其他词类（如动词、形容词等）的焦点标记词类，但作为焦点标记词，其不存在强调焦点之外的任何语义[②]。方梅则给出了汉语中确认标记词的三条原则：自身不负载实际意义，因此不可能带对比重音；作用为标示其后成分的焦点身份，因此其后成分总是在语音上凸显；是非句子线性结构中的基本要素，因此可被省略[③]。围绕句法结构本身的性质以及其在表述焦点成分时是否存在额外的功能或语义，焦点结构可以分为焦点标记（mark）、焦点算子或敏感算子（sensitive-operator）以及特殊句式。

一、焦点标记

一些语言，尤其是非洲语言，可以在句子中使用专门的形式标记来表示焦点，其作用仅仅是提示其标记成分作为焦点。从跨语言的角度来说，焦点句来源于分裂句，而焦点标记可能来源于零主语判断小句中的系词[④]、无动词小句中的识别性指示代词[⑤]，或者关系从句中的关系化标记[⑥]。

笔者根据收集到的资料，将世界语言中的焦点标记分为以下三类。

（一）焦点移位，并附着焦点标记

这种情况是，被标记的焦点必须处在特定位置（通常是句首），然后负载焦点标记。

在 Akan（在加纳使用的 Kwa 语的分支）中，焦点成分必须出现在左偏置的位置，并且在其后负载焦点标记小品词 na。疑问代词 hena 负载焦点标记出现

---

① 陈振宇，安明明．反问（否定性疑问）的语义和功能——以汉语与马达加斯加语的反问标记为例［C］//上海师范大学《对外汉语研究》编委会．对外汉语研究（第十期）．北京：商务印书馆，2013：160-173.

② 徐杰，李英哲．焦点和两个非线性语法范畴：“否定”“疑问”［J］．中国语文，1993（2）.

③ 方梅．汉语对比焦点的句法表现手段［J］．中国语文，1995（4）.

④ Heine B，Reh M. Grammatical and Reanalysis in African Languages［M］. Hamburg：Helmut Buske，1984.

⑤ Diessel H. Demonstrative：Form，Function，and Gramticalization［M］. Amsterdam/Philadelphia：John Benjamins，1999：148-149.

⑥ Harris A C，Campell L. Hitorical Syntax in Cross-Linguistic Perspective［M］. Cambridge：Cambridge University Press，1995：152-162.

在句首，答句中针对疑问代词的成分同样负载焦点标记 na 或 a（只给出了焦点部分的简答句，可以换用焦点标记 a）（见例 1）。[①]

例 1

Q	Hena na	Ama	rehwehwɛ?
	who FOC	Ama	is-looking-for?
A_1	Kofi na	*（Ama rehwehwɛ?）	
	Kofi FOC	Ama is-looking-for?	
A_2	Kofi a.	*（ Ama rehwewɛ）	
	（It is）KOFI	（that Ama is looking for）	

在 Babina Vesuvius（在加拿大北部哥伦比亚省使用的 Northern Athabaskan 语言的分支）中，当宾语作为焦点置于主语之前时，宾语负载焦点标记 ën（单数人称）、ënï（复数人称）或者’iy（非人类）（见例 2）。[②]

例 2

a	Dus’ iy	George	yunkët		
	cat FOC	George	3s. bought. 3s		
	It’ s a cat that George bought. （not a dog）				
b	Hoo’,	lhës ‘iy	nts’ ë	Lillian	yunkët
	no	bread FOC	where	Lillian	3s. bought. 3s
	No，where did Lillian bought the BREAD?（not the fish）				

在 Breton（海岛凯尔特语支的一种语言，主要在法国布列塔尼使用）中，焦点成分前置，并且负载小品词 a（主语和直接宾语）或者 e（z）（其他大部分成分）（见例 3）。[③]

① Drubig H B. Towards a Typology of Focus and Focus Constructions [D]. Tübingen：University of Tübingen，2003.

② Denham K E. A Minimalist Account of Optional Wh-movement [D]. Seattle：University of Washington，1997.

③ Wojcik R. Verb Fronting and Auxiliary Do in Breton [J]. Montreal Working Papers in Linguistics，1976 (6).

例 3

a	me a	me a	karet.	
	I FOC	Is	loved	
	I' m loved.			
b	warc' hoaz e	me a	ar paotr	al lizher
	tomorrow FOC	he. will. write	boy	letter
	TOMORROW the boy will write the letter.			

除此之外，Dixon 指出了下列三种语言的极性疑问句焦点成分的位置，以及其负载的不同疑问后缀：Dyirbal 中的焦点成分放置在句首并且负载极性疑问后缀 ma；Eastern Pomo 中的焦点成分必须在句首位置，然后负载疑问后缀 la 或者 ti（ši）；Tonkawa 中的焦点成分通常（但不是必须）处在句首，并且负载疑问后缀 ti。[①]

（二）标记直接附着在焦点上

这种情况是，被标记的焦点不需要进行移位操作，可以直接在原位负载焦点标记。

在 Tunni（索马里南部的一种方言）中，极性疑问后缀-ée 通常负载在动词上，但是当出现焦点成分时，动词上须负载疑问后缀-áa（见例 1）。[②]

例 1

a	áda	šalé	Máryam	agart-ée?
	2sg	yesterday	loved	see：2sg-polar. question
	Did you see Maryam yesterday?			
b	áda	gèel	bádan-áa	qóbtə?
	2sg	camels	mang-FOC. polar. question	get：2sg
	Do you have MANY camels?			

① Dixon R M W. Basic Linguistic Theory（volume 3）[M]. Oxford/New York：Oxford University Press，2010：395.

② Tosco M. Af Tunni：Grammar Texts and Glossary of a Southren Somali Dialect [M]. Köln：Rüdiger Köppe Verlag，1997.

除此之外，Dixon 指出，在极性疑问句中，Huallaga Quechua 直接在焦点成分后负载后缀-chu，土耳其语直接在焦点成分上负载疑问小品词 mi，Dravidian 直接在焦点成分上负载疑问后缀-aa。[①]

（三）针对不同的焦点性质，标记位置有所不同

这种情况下，被标记的焦点同样可以在原位被标记，但是依据焦点成分的属性不同，焦点标记的位置就有所不同。这种差异主要体现在动词（谓语）和名词（其他成分）的对比上，一般而言，动词（谓语）焦点的焦点标记在焦点成分之前，而名词（其他成分）焦点的焦点标记在焦点成分之后。

在 Rendille（库希特语族的一支，在肯尼亚马萨比特地区使用）中，谓语焦点成分须负载前缀 *á*-，其他成分须负载后缀-é（见例 1）。[②]

例 1

a	ínam	*á*-yimi
	the boy	FOC-came
	The boy CAME.	
b	ínam-é	yimi
	the boy-FOC	came
	The BOY came.	

在索马里语（库希特语族的一支，在索马里使用）中，每个主句都必须出现且仅能出现一次焦点标记，名词焦点成分使用后置助词 baa、ayaa、waxaa，动词焦点成分则使用前置助词 waa（见例 2）。[③]

① Dixon R M W. Basic Linguistic Theory（volume 3）［M］. Oxford/New York：Oxford University Press，2010：396.

② Oomen A. Focus in the Rendille Clause［J］. Studies in Afroasiatic Linguistics，1978，9（1）.

③ Lecarme J. Focus in Somali［C］// Rebuschi G，Tuller L. The Grammar of Focus. Amsterdam/Philadelphia：John Benjamins，1999：275-310；Svolacchia M，Merou L，Puglielli A. Aspects of Discourse Configurationality in Somali［C］// Kiss K É. Discourse Configurational Languages. Oxford/New York：Oxford University Press，1995：65-98.

例 2

<table>
<tr><td rowspan="3">a</td><td>iyadu</td><td>muuska bay</td><td>cunaysaa</td></tr>
<tr><td>she</td><td>banana FOC-she</td><td>eat</td></tr>
<tr><td colspan="3">She is eating the BANANA.</td></tr>
<tr><td rowspan="3">b</td><td>Iyada baa</td><td>muuska</td><td>cunaysaa</td></tr>
<tr><td>she FOC</td><td>banana</td><td>eat</td></tr>
<tr><td colspan="3">SHE is eating the banana.</td></tr>
<tr><td rowspan="3">c</td><td>haa,</td><td>Cabdi</td><td>waan aqaan</td></tr>
<tr><td>yes,</td><td>Abdi</td><td>FOC-I know</td></tr>
<tr><td colspan="3">YES，I KNOW Abdi.</td></tr>
</table>

二、焦点算子

（一）焦点算子与焦点关联

英语中不存在单纯的焦点标记词，但是句子中存在其他语义成分来对焦点进行约束，它们在表述焦点时常常会对焦点的语义内容进行运算，这样的语义成分就被称作焦点算子或焦点敏感算子（focus-sensitive operator）。生成语法学家对英语中的焦点算子进行了深入的研究。英语中常见的焦点算子包括以下几类。一是量化副词（adverb of quantification），如 always、usually、mostly、sometimes、never；二是焦点敏感小品词（focus-sensitive particle ）或聚焦词（focalizer），如 only、even、also；三是反事实条件语（counterfactual conditional），如 if；四是情态动词（modal），如 must；五是频率副词（frequency adverb），如 most、often；六是泛算子（generic），如 one；七是疑问（WHY-question）；八是情感事实语和态度动词（emotive factive and attitude verb），如 odd、found-out；九是否定（negation）；十是形容词最高级（superlative）等。①

① Rooth M. Focus［C］// Lappin S. The Handbook of Contemporary Semantic Theory. London：Blackwell Publishers，1995：271-297；Hajičová E，Partee B H，Sgall P. Topic-Focus Articulation，Tripartite Structures，and Semantic Content［M］. Dordrecht：Kluwer Academic Publishers，1998.

大量对焦点敏感的算子都是副词，这些对焦点敏感的副词又被称作焦点小品词（focus particle），从跨语言的角度来说，焦点算子存在名词依附（ad-nominal）、VP依附（ad-VP）以及句子依附（sentential adverbial）。Rooth基于这些词的句子依附，将其定义为一类跨范畴的算子[①]。从句法的角度来讲，焦点小品词被认为必须c-command[②]它的焦点或者认为焦点必须c-command小品词[③]；从语义的角度来讲，拥有焦点小品词的句子包含（entail）相应的没有小品词的句子，焦点小品词为句子分配强制量化（例如，它们量化一系列与焦点表达的值相关的候选项，包括量级排序和非量级排序），可能包含或排除候选项作为一个开放的句子辖域内可能的值[④]。

焦点算子与焦点之间的结构关系，即焦点关联，涉及焦点的语义解释。一些语义解释一般可以分为两个大类：焦点移位说和焦点非移位说。前者指在逻辑结构上，焦点会从原位移往句法上较高的一个位置，并邻接约束它的焦点敏感算子[⑤]；后者指的就是焦点不移位，而在原位受到某个算子的约束。基于此，我们可以引申出四个相关的理论框架：① 结构意义说（Structured Meanings Semantics），主张焦点会引出一个“焦点—背景”的划分[⑥]；② 选项语义论（Alternative Semantics），指出焦点会引出一个成员间相互对比的选项集[⑦]；③ 原位约束说（In-situ Binding Semantics），相对选项语义论，原位约束说认为在算子与变量之间存在一种约束关系；④ 逻辑代换法（Replacive Theory）。Krifka则提出了一种混合分析法（hybrid framework for focus interpretation），

---

① Rooth M. Association with Focus [D]. Amherst: University of Massachusetts, 1985.

② c-command即成分统制，用来表述层级关系。如果节点A、B互不支配，而且支配A的一个最大投射也支配B，则节点A统制节点B。

③ Bayar J. Rightward Movement and the Syntax of Quantificational Particles in German [C] //Rosen V. Papers from the Tenth Scandinavian Conference of Linguistics, 1987.

④ König E. The Meaning of Focus Particles: A Comparative Perspective [M]. London/New York: Routledge, 1991: 29-59.

⑤ Chomsky N. Form and Interpretation [M]. New York: Elsevier North Holland, 1977: 163-210.

⑥ Jakendoff R S. Semantic Interpretation in Generative Grammar [M]. Cambridge, MA/London: MIT Press, 1972.

⑦ Rooth M. Association with Focus [D]. Amherst: University of Massachusetts, 1985; Rooth M. A Theory of Focus Interpretation [J]. Natural language Semantics, 1992, 1(1); Rooth M. Focus [C] // Lappin S. The Handbook of Contemporary Semantic Theory. London: Blackwell Publishers, 1995: 271-297.

主张区分焦点和焦点短语，用移位说处理后者，而用非移位说的选项语义论来区分前者[①]。

（二）焦点算子的类型

从语义的角度，König 按照焦点算子（小品词）在其辖域内的开放句中是包含还是排除其他选项作为可能的值，而将焦点小品词划分为两类：包含/添加（inclusive/additive）性小品词和排他/限定（exclusive/restrictive）性小品词。前者包含一些选项作为可能的值用作其辖域内的变量，典型的如英语中的"even"；后者表示不存在任何选项适配于相关的开放句，典型的如英语中的"only"[②]。Bos 认为，also 等添加性标记重在确定话语的预设（determine the presupposition of the utterance），而 only 等排他性标记在于确定话语的真义（determine the meaning of an utterance）[③]。

从关联内容的角度，Beaver 和 Clark 按照直接与焦点关联还是与预设关联，将焦点算子划分为焦点功能算子和非焦点功能算子。他们进一步指出，only 与焦点关联，在词汇上编码一个对于焦点存在的依赖；而 always 的焦点敏感则来自对语境的依赖。因此，焦点敏感表达式并不构成一个同质的类，而是应该分为两个范畴，称作焦点功能算子和非焦点功能算子。only 作为焦点功能算子的一个子类，它的焦点敏感性来自语法机制，而 always 作为非焦点功能算子的一个子类，它的焦点敏感性来自语用过程[④]。例 1 和例 2 中的几个句子可以作为说明。

例 1

(a) Mary always managed to complete her [exam]$_F$.

(b) Whenever Mary took exams，she completed them.

---

① Krifka M. Frameworks for the Representation of Focus [C] //Proceedings of the Conference on Formal Grammar. Prague：ESSLLI' 96 Conference on Formal Grammar，1996.

② König E. The Meaning of Focus Particles：A Comparative Perspective [M]. London/New York：Routledge，1991.

③ Bos J. The Treatment of Focusing Particles in Underspecified Discourse Representations [C] //Bosch P，Van der Sandt R. Focus：Linguistic，Cognitive，and Computational Perspectives. Cambridge：Cambridge University Press，1999.

④ Beaver D，Clark B. "Always" and "Only"：Why not All Focus Sensitive Operators Are Alike [J]. Natural Language Semantics，2003 (11).

(c) Whenever Mary completed something, it was invariably an exam.

例 2

(a) Mary only managed to complete her $[\text{exam}]_F$.

(b) * What Mary did when taking exams was complete the and do nothing else.

(c) What Mary completed was an exam and nothing else.

三、特殊句式

分裂句（cleft）和准分裂句（pseudo-cleft）是不少语言用来表达对比焦点的手段。分裂结构是将一个单句分成两个部分，每个部分都有其所属动词的结构，典型的分裂结构如英语中的“it is that”，因此又被称作“it-cleft”；准分裂结构则是一个以名词性关系从句作为主语或者补语的 SVC 句式，典型的准分裂结构如英语中的以 wh-从句作为主语，因此又被称作“wh-cleft”。Rochemont[①]指出，英语中的分裂句具有 S-structure：it $[_{VP}$ be X^{mas} S$]$，其中，X^{mas} 可以是任意一个短语范畴，如 NP、PP、AP 或 ADVP。X^{mas} 作为分裂成分/分裂短语，其中一部分（subpart）被聚焦而突出作为分裂焦点。Collins 讨论了英语中的分裂和假拟分裂，指出二者是鉴别结构，表达突出成分与关系从句之间的同一关系[②]。

从跨语言的角度出发，Dik 讨论了更具体的分裂结构，包括谓语分裂结构（predicate-cleft）和分裂疑问句（cleft question）[③]。谓语分裂结构，如在西非语言和借用西非语言句法的克里奥尔语中，通过句首重复谓语，包括 Kru 语族的 Vata（① 通过在句首重复动词，当动词为光杆形式（bare form）时，不能有特殊音调，不能被修饰或成为某些更复杂成分的一部分，结构中存在与之对应的动词的复杂具体形式；② 前置谓语名物化并且句中存在代词成分）、Papiamentu（句首重复动词的限制与 Vata 相同；系词 ta 可以不出现，当出现时，ta 倾向于

---

① Rochemont M S. Focus in Generative Grammar [M]. Amsterdam/Philadelphia: John Benjamins, 1986: 109.

② Collins P C. Cleft and Pseudo-Cleft Constructions in English [M]. London: Routledge, 1991.

③ Dik S C. The Theory of Functional Grammar [M]. Berlin/New York: Mouton de Gruyter, 1997: 313-329.

被分析为焦点标记而非系词)。分裂疑问句(cleft question)中的疑问词存在特定位置，如 Western Nilotic 的 Lango(疑问主语可以放置在句首，句中存在代词和关系标记)、Dzamba(疑问词作为焦点成分在句末，句中存在明显系词)、Babungo(疑问主语放置在动词后焦点位置上，动词在句首位置重复，即 V Subj V Obj)。

第三节　汉语焦点的界定

从句子的信息包装方式或组构模式出发，形式学派构建了“焦点-预设”“焦点-背景”或“焦点-开命题”结构，新布拉格学派构建了“话题-焦点”结构。除此之外，句子的信息结构还包括“主位-述位”“话题-述题”等。在涉及焦点的模式中，焦点都是作为整个命题结构中被分离出来的项。

本书将句焦点看作与句中其他成分(背景)相分离的成分，因此汉语的焦点句可以表述为“X+Y”，其中，X 作为焦点，Y 作为背景。在这里，“X+Y”表述的是逻辑关系，而非线性序列，在实际的表达中，X 可以位于 Y 之前，也可以位于 Y 之后，甚至处在 Y 之中①。

如何确定句中成分是背景呢?周守晋将句子划分为主观量和背景化成分，并指出在实际表达中，背景化成分与上下文已知信息的关联方式是多种多样的：① 背景成分与已知信息同指或者就是已知信息的重现；② 背景成分是已知信息的具体化；③ 背景成分是已知信息的某种特征；④ 背景成分与已知信息形成数量对比②。周守晋的“主观量”指的是表示起点或终点的成分，使得句子有关的成分在语义信息特征方面产生分化，成为一个表示评价的成分。但是在实际的表达中，起点和终点在句子中是兼而有之的(例 1 皆转引自周守晋文)。

例 1

(a) 我们昨天每人领了十八元，干了一天就领全月工资，真好!

(b) 有一年春天大旱，直到阴历五月初三才下了四指雨。

---

① Lambrecht 将焦点区分为宽焦点和窄焦点，宽焦点中的句子焦点实质就是不存在背景成分的焦点句。这类焦点句并没有纳入本书的考察范围。

② 周守晋.“主观量”的语义信息特征与“就”、“才”的语义 [J]. 北京大学学报(哲学社会科学版)，2004 (3).

(c) 酒肉朋友，一天就能拜两起儿盟兄弟。

(d) 去你一边去！什么“一只猫七条命”？一个人才一条命！

比起主观量和背景化成分在信息特征上的不对称，不如说这类结构表达了主观大量和主观小量在搭配上的不对称。在句 a、c 中，前一个数量结构表小量，后一个数量结构表大量，整个句子表示小量起点占有大量终点；在 b、d 句中，前一个数量结构表大量，后一个数量结构表小量，表示大量起点占有小量终点。a、c 句为反自预期，表示言者的惊讶或言者认为该事实不合理，d 句则表示用来纠正言者预期的事实或真理。

我们认为，背景成分与已知信息（语境成分）的关系的关联方式是与之同指或作为重现，即照应性。

如何确定句中成分是焦点呢？汉语学界大抵从话语功能层面来定义焦点，将焦点与信息表达的强弱联系起来，指出焦点是言者认为听者需要特别注意的重点信息或语言片段，正如刘丹青、徐烈炯指出，信息的新旧是客观的，而强度则是言者主观赋予的[①]。这里涉及“新”与“重”的对立，如下面的例句：

在《浮生六记》中，我们可以找到有关这个原理的重要论述。据作者说，①我们只要遵照这个公式行事，就可以②把一个即使是③较为贫寒的书生的住宅布置得美观大方，令人满意。（林语堂著，郝志东、沈益洪译《中国人》）

上例整体为条件-结果复句，①“我们只要遵照这个公式行事”作为条件句表示话题，与上文信息（“这个原理”）照应；②“把一个即使是较为贫寒的书生的住宅布置得美观大方，令人满意”作为新信息，有可能成为句子的焦点。但在实际中，真正被识别为焦点的是③“较为贫寒”，因为这里隐含了一个对比项，即“较为贫寒的书生住宅也能布置得美观大方，令人满意，更何况其他住宅呢？”。

因此，与 Y 相比，焦点成分 X 是非预设的，或者是对比性的。

一、焦点是非预设性的

Lambrecht 指出，句焦点通常是添加而非叠加在语用预设上的信息成分[②]。

---

① 刘丹青，徐烈炯．焦点与背景、话题及汉语“连”字句［J］．中国语文，1998（4）．

② Lambrecht K. Information Structure and Sentence Form［M］. Cambridge：Cambridge University Press，1994：206.

Kempson、Kiaer 和 Cann 同样指出，在话语的时间-线性解析中，焦点是将某些表达从剩余部分中分离出来，为给定的命题结构提供一些更新结构，这种分离式的更新可以通过两种方式来实现：第一，命题的构建过程本身可以提供更新成分与语境成分，更新成分实现为句法焦点；第二，语境本身可以提供背景结构，更新关系跨越不同语句[①]。如下面的例句：

(a) 冷先生说："英雄败在儿女手啊！"鹿子霖就要这句话，这样就可以保持友好往来。(陈忠实《白鹿原》)

(b) 不知道到什么时候，我才能够赶上呢，姑娘每天多教给我几个字，或者过一两年就可以……(冰心《最后的安息》)

上面的两例中，都出现了副词"就＋可以"：但第一例表述某种条件下可以达到什么结果，表述结果的"保持友好往来"作为更新成分实现为句子的焦点；第二例表述某种结果的达成需要什么条件，"过一两年"解析自问句"我什么时候才能赶上"中的疑问词"什么时候"，作为语境结构的更新成分实现为句子的焦点。

焦点是非预设性的，即焦点 X 作为命题结构的更新成分，此时背景 Y 与语境中的成分相照应。

二、焦点是对比性的

Dik 提到了对比的各种不同情况，包括并列、替代、扩展、限制等[②]。徐烈炯各举了一个汉语例子[③]。

(a) 老张明年退休，老李明年放假。

(b) 不是老李，而是老张明年退休。

(c) 老李明年退休，老张明年也退休。

(d) 老李明年不退休，老张明年退休。

上例中，(a) 句的"X 明年 Y"这个命题中适用于 X 的选项包括"老张"和"老李"，二者并列，但是通常作为焦点的是 Y。(b) 句中，"X 明年退休"

---

① Kempson R M，Kiaer J，Cann R. Topic and Focus at the Peripheries：The Dynamics of Tree Growth［C］// B. Shaer，Maienborn W. Proceedings of the Dislocated Elements Workshop. Berlin：Zentrun für Allgemerine Sprachwissenschaft，2004：261-286.

② Dik S C. The Theory of Functional Grammar［M］. Berlin/New York：Mouton de Gruyter，1989.

③ 徐烈炯．几个不同的焦点概念［C］//徐烈炯，潘海华．焦点结构和意义的研究．北京：外语教学与研究出版社，2005：11-29.

这个命题中适用于X的选项由“老张”替代“老李”，“老张”作为句子的焦点。(c) 句中，“X明年退休”这个命题中适用于X的选项从“老李”扩展至“老张”，“老张”作为句子的焦点。(d) 句中，“X明年退休”这个命题中适用于X的选项限制为“老张”，“老张”作为句子的焦点。

在这里，(b)、(d) 为典型的排他性焦点，焦点（“老张”）排除其他候选项（“老李”）来替代焦点适用于焦点所在的命题结构；(c) 则是典型的包含性焦点，焦点（“老张”）包含其他候选项（“老李”）来替代焦点适用于焦点所在的命题结构。

焦点是对比性的，即焦点X排除其他候选项来替代焦点适用于焦点所在的命题结构。

第四节　明清汉语焦点结构辨析

一、以往对汉语焦点结构的研究

汉语学界在对焦点进行研究时，常常会陷入术语不统一的情况，同一个关联焦点成分的词可能会名之焦点标记，也可能会名之焦点算子，如王灿龙称“连”为焦点敏感算子①，而方梅称“连”为焦点标记②。但是，无论是焦点标记，还是焦点算子，抑或是焦点副词，其功能都体现在要求句中另外的某一成分成为句子的焦点③。程训令梳理了前人研究的对焦点进行标记的词汇，包括焦点标记和焦点算子，然后指出，这些名称虽然表面上各不相同甚至相差甚远，但是从本质来说，这些名称都是用来指代那些能够表现句子焦点的词和词类，因此他主张用“焦点标记词”来指代那些所有能够表现句子焦点的词及词类④；刘林也赞同以“焦点标记词”来命名，并指出这些焦点标记词在表现句子焦点方面既有共性，也存在各自的特性⑤。为了称述方便，这里按照原文给出的术语，来对汉语中存在的焦点结构进行罗列。

---

① 王灿龙．“连”字句的焦点与相关的语用问题［C］//中国社会科学院语言研究所《中国语文》编辑部．庆祝《中国语文》创刊50周年学术论文集．北京：商务印书馆，2004：79-87.

② 方梅．汉语对比焦点的句法表现手段［J］．中国语文，1995（4）.

③ 祁峰．现代汉语焦点研究［M］．北京：中西书局，2014：55.

④ 程训令．汉语焦点标记词研究述评［J］．沙洋师范高等专科学校学报，2008（1）.

⑤ 刘林．现代汉语焦点标记词研究［D］．上海：复旦大学，2013.

（一）焦点标记

方梅指出，由于口语里对比焦点总是伴随强制性对比重音，因此标记词在口语里实际上是羡余成分，但是对于落在纸上的句子而言，标记词的作用是不可低估的。方梅根据确认标记词的三个原则，将自身含有对比重音的限制副词排除出焦点标记的范畴，并指出汉语里只存在两个焦点标记：轻读的“是”和“连”[①]。除此之外，汉语中被称作焦点标记的还包括：就[②]，难道[③]，“只、仅、仅仅、就、光、单、才、尤其、特别、尤其是、特别是、也、连、还、甚至、不、没有、没”[④]，个[⑤]，给[⑥]，来[⑦]，数[⑧]，X的是[⑨]，有[⑩]，对于……来说[⑪]，光[⑫]，了$_2$[⑬]，很[⑭]，来得[⑮]；古代汉语中的“职、繄、伊、为”[⑯]，“是、实、

---

① 方梅．汉语对比焦点的句法表现手段［J］．中国语文，1995（4）．

② 张斌．汉语语法学［M］．上海：上海教育出版社，1998：85．

③ 范开泰，张亚军．现代汉语语法分析［M］．上海：华东师范大学出版社，2000：192-207．

④ 陈昌来．现代汉语句子［M］．上海：华东师范大学出版社，2000：29-38．

⑤ 王莉．标记焦点：“动＋个＋名”中的“个”［J］．华南师范大学学报（社会科学版），2001（2）．

⑥ 温锁林，范群．现代汉语口语中自然焦点标记词“给”［J］．中国语文，2006（1）．

⑦ 鲁晓琨．焦点标记“来”［J］．世界汉语教学，2006（2）．

⑧ 宗守云．焦点标记“数”及其语用功能［J］．语言研究，2008（2）．

⑨ 祁峰．“X的是”：从话语标记到焦点标记［J］．汉语学习，2011（4）．

⑩ 温锁林．“有＋数量结构”中“有”的自然焦点凸显功能［J］．中国语文，2012（1）．

⑪ 刘志远．框式介词“对（于）……来说”的话题焦点标记功能［J］．通化师范学院学报，2012（3）．

⑫ 司罗红．作为话题焦点标记的“光”［J］．郑州大学学报（哲学社会科学版），2015（1）．

⑬ 黄瓒辉．“了_2”对事件的存在量化及标记事件焦点的功能［J］．世界汉语教学，2016（1）．

⑭ 朴正九．从类型学视角看汉语形容词谓语句的信息结构［J］．中国语文，2016（4）．

⑮ 余义兵．现代汉语自然焦点标记词“来得”［J］．苏州科技大学学报（社会科学版），2018（2）．

⑯ 洪波．上古汉语的焦点表达［C］//商务印书馆编辑部．21世纪的中国语言学（二）．北京：商务印书馆，2006：36-51．

之”[①]，为[②]，所[③]；上海话中的“末”[④]，吴方言中的“是”[⑤]，张家口方言中的“让”[⑥]，荆门方言中的“呀”[⑦]。

（二）焦点算子

徐烈炯[⑧]以 if 和 must 为例，说明了英语和汉语的焦点敏感算子在句法上的不同，英语往往属于不同的词类，句法位置多半比较固定，汉语中用作焦点敏感算子的词类比较一致，绝大多数是副词，在语序方面有较大的灵活性。徐烈炯指出，算子浮动性是汉语表达焦点的一大特点，以匈牙利语为代表的许多语言靠浮动焦点所在的成分来表现焦点所在，而在汉语中通过算子变换位置来表现，相比之下，汉语中不能用作焦点敏感算子的词语在语序方面并不都有如此大的灵活性。他指出汉语中的焦点敏感算子包括相当于全称量词的“总是”，表示频率的“通常”，表示情态的“必须”，表示条件的“如果”“要是”，表示否定的“不”，表示说话者看法、态度的“很奇怪”“居然”“真的”“竟然”以及疑问词“为什么”等。除此之外，汉语中被称作焦点算子的还包括：可[⑨]，“只、也”[⑩]，连[⑪]，都[⑫]，唯量词“只、就、唯、惟、唯独、仅、仅仅、单、单单”[⑬]，

---

① 徐江胜．试论古汉语句子的焦点和焦点的凸显方式［J］．安徽广播电视大学学报，2006（1）．

② 路广．焦点标记词“为”和选择问句［J］．宁夏大学学报（人文社会科学版），2007（6）．

③ 徐江胜．论焦点标记“所”［J］．语言研究，2017（4）．

④ 徐烈炯，刘丹青．话题的结构与功能［M］．上海：上海教育出版社，2018：88-102

⑤ 刘丹青．话题标记从何而来？——语法化中的共性与个性［C］//石锋，沈钟伟．乐在其中——王士元教授七十华诞庆祝文集．北京：商务印书馆，2004：6-15．

⑥ 宗守云．张家口方言含焦点标记词“让”的句子［J］．中国语言文学研究，2010（1）．

⑦ 袁媛．荆门话的焦点标记词“呀”［J］．长江学术，2012（4）．

⑧ 徐烈炯．焦点的不同概念及其在汉语中的表现形式［J］．现代中国语研究，2001（3）；徐烈炯．几个不同的焦点概［C］// 徐烈炯，潘海华．焦点结构和意义的研究．北京：外语教学与研究出版社，2005：11-29．

⑨ 刘丹青，唐正大．话题焦点敏感算子“可”的研究［J］．世界汉语教学，2001（3）．

⑩ 董秀芳．无标记焦点和有标记焦点的确认原则［J］．汉语学习，2003（1）．

⑪ 王灿龙．“连”字句的焦点与相关的语用问题［C］//中国社会科学院语言研究所《中国语文》编辑部．庆祝《中国语文》创刊50周年学术论文集．北京：商务印书馆，2004：79-87．

⑫ 袁毓林．“都”的语义功能和关联方向新解［J］．中国语文，2005（2）．

⑬ 刘探宙．多重强式焦点共现句式［J］．中国语文，2008（3）．

“甚至、反而”[①]。

（三）焦点小品词

焦点小品词是小品词或副词的一类，位置灵活，并且在其所处位置与焦点-背景划分相互作用[②]。Lee讨论了普通话和粤语中的焦点小品词，指出普通话中的焦点小品词主要是焦点副词，例如“也、还、又、再、只（有/是）、才、就”，而粤语拥有形式丰富的焦点动词后缀和SFPS（附加动词后小品词），例如“-maai 4（also）、tim 1（too）、-dak 1（only）、zaa 3（only）、ze 1（only）”[③]；Hole在对汉语量化词“才、就、都、也”的考察中指出，尽管这些词对信息结构敏感，但是它们仅仅与已经建立的焦点意义相关而非自身触发焦点意义，因此它们不是焦点小品词，而是一个表达焦点-背景一致关系的标记[④]。

（四）特殊句式

这里的特殊句式包括：分裂句[⑤]、把字句[⑥]、连字结构、“是……的”句和超长配位主题句[⑦]、平行结构[⑧]、“是”字句、“的是”、“是……的”、“谁/什么/哪儿/哪个……也/都……”、“一……不/没/没有”、量词重叠做主语句、“连……

① 袁毓林．反预期、递进关系和语用尺度的类型——“甚至”和“反而”的语义功能比较［J］．当代语言学，2008（2）.

② König E. The Meaning of Focus Particles：A Comparative Perspective［M］. London/New York：Routledge，1991.

③ Lee P P. Focus Manifestation in Mandarin Chinese and Cantonese［M］. London/New York：Routledge，2019.

④ Hole D. Focus and Background Marking in Mandarin Chinese［M］. London/New York：Routledge，2003.

⑤ 黄正德．说“是”和“有”［C］//“中央研究院”历史语言研究所．“中央研究院”历史语言研究所集刊（第五十九本第一分册）．台北：东方印刷有限公司，1988：43-64.

⑥ 徐杰，李英哲．焦点和两个非线性语法范畴：“否定”“疑问”［J］．中国语文，1993（2）.

⑦ 方梅．汉语对比焦点的句法表现手段［J］．中国语文，1995（4）.

⑧ 刘鑫民．焦点、焦点的分布和焦点化［J］．宁夏大学学报，1995（1）.

也/都……”、对举[①]、“（是）……的”[②]、“DJ＋的是＋M”[③]；宾语前置[④]。

Cheng 将汉语焦点结构总结为七种，指出了七种有关焦点的表示方法（focus devices in Mandarin Chinese），使得汉语语义焦点更容易认定。这七种表示方法包括：① 非焦点成分的省略（deletion of unfocused element），如针对疑问句的回答，可以只出现焦点部分而省略背景成分；② 非焦点成分的话题化（topicalization of unfocused element）；③ 非焦点成分的重复（repetition of unfocused element）；④ 平行结构（parallel construction）；⑤ 将焦点包含在“是”字谓语中（inclusion of focus in a shi predicate）；⑥ 将焦点包含在由其他助动词引导的谓语中（inclusion of focus in a predicate led by other modals），例如“会、有、可能、一定、大概、的确”等；⑦ 疑问结构（interrogative construction）[⑤]。

二、明清汉语焦点结构类型

上文提到，汉语的焦点句可以表述为“X＋Y”。其中，X 作为焦点，具有非预设性和对比性，相应的背景就具有照应性以及可推知性。这就涉及三种不同类型的操作：作用于焦点的焦点结构 F_1，连接焦点和背景的连接型焦点结构 F_2，以及作用于背景的背景标记型焦点结构 F_3。

作用于焦点本身的焦点结构 F_1，即“[F_1＋X]＋Y”，汉语中被大量讨论的是用在焦点成分前作为标记的“是”，如方梅指出，汉语可以通过焦点标记“是”来标记句中的施事、时间、处所、工具等成分，对语境中的候选项进行排除，使之成为句子的对比焦点[⑥]。但既然存在用在焦点前的焦点结构，必然存在用在焦点后的焦点结构，我们将在第二章和第三章分别探讨明清汉语中的前置型焦点结构以及后置型焦点结构。

---

① 陈昌来．现代汉语句子［M］．上海：华东师范大学出版社，2000：29-38.

② 袁毓林．从焦点理论看句为“的”的句法语义功能［J］．中国语文，2003（1）.

③ 张峰辉，周昌乐．“DJ＋的是＋M”的焦点和预设分析［J］．语言研究，2008（2）.

④ 洪波．上古汉语的焦点表达［C］//商务印书馆编辑部．21世纪的中国语言学（二）．北京：商务印书馆，2006：36-51；白蓝．先秦汉语 SVO 语序的焦点语用研究［J］．湖南社会科学，2013（6）.

⑤ Cheng R L. Focus Devices in Mandarin Chinese［C］//Tang T，Cheng R L，Li Y. Studies in Chinese Syntax and Semantics. Taipei：Students Book Co，1983：53-102.

⑥ 方梅．汉语对比焦点的句法表现手段［J］．中国语文，1995（4）.

连接焦点和背景的焦点结构 F_2，即"X+F_2+Y"。这类结构用以连接焦点和背景。我们将在第四章重点探讨连接型焦点结构。

作用于背景的背景标记型焦点结构 F_3，即"X+［F_3+Y］"。这类结构使句中的成分与语境成分相照应，使之成为背景。如杉村博文指出，汉语中谓语形式的连贯（coherence）"先 le 后 de"现象存在，"V 了 O"和"V（的）O"之间存在"先行"和"承指"的关系，后者依靠前者而存在，不能脱离上文单独活动，V 和 O 都只能是已知的、旧的信息，从功能语法的角度讲，只有在比较特殊的环境中才可能成为焦点信息，信息焦点一般落在"是"后边的第一个成分上[①]。我们将在第五章中重点探讨明清汉语中的背景标记型焦点结构。

第五节　语料来源

本书以明清汉语中的焦点结构为研究对象，所选语料主要是能够反映明清时期语言使用特点的代表性作品。各部作品所采用的底本如下。

本书选用的明代作品包括：《三遂平妖传》，罗贯中著，北京大学出版社 1983 年版；《金瓶梅词话》，兰陵笑笑生著，陶慕宁校注，人民文学出版社 2000 年版；《西游记》，吴承恩著，上海古籍出版社 2004 年版；《三宝太监西洋记通俗演义》，罗懋登著，陆树崙、竺少华校点，上海古籍出版社 1985 年版；《初刻拍案惊奇》，凌濛初著，中华书局 2009 年版；《二刻拍案惊奇》，凌濛初著，陈迩冬、郭隽杰校注，人民文学出版社 1997 年版；《型世言》，陆人龙著，覃君点校，中华书局 1993 年版。

本书选用的清代作品包括：《十二楼》，李渔著，人民文学出版社 2006 年版；《醒世姻缘传》，西周生辑著，袁世硕、邹宗良校注，人民文学出版社 2015 年版；《儒林外史》，吴敬梓著，人民文学出版社 1958 版（2013 年第 11 次印刷）；《红楼梦》，曹雪芹、高鹗著，中华书局 2001 年版（程甲底本）；《镜花缘》，李汝珍著，上海古籍出版社 2011 年版；《儿女英雄传》，文康著，人民文学出版社 1983 年版（2014 年 11 月第 2 版）；《跻春台》，刘省三编著，蔡敦勇校点，江苏古籍出版社 1993 年版（繁体竖排）。

---

① 杉村博文．"的"字结构、承指与分类［C］//江蓝生，侯精一．汉语现状与历史的研究．北京：中国社会科学出版社，1999：47-66.

我们选取的文献都是明清时期较为流行的白话作品，这些作品能够反映明清时期汉语的总体特征，明代汉语与清代汉语的差异，以及近代汉语向现代汉语发展的方向。这些文献的相关信息如表 1-1 所示。

表 1-1 本书所用语料信息汇总

作品	作者	题材及体裁	成书时期	语言地域种类	篇幅（万字）
《三遂平妖传》	罗贯中	长篇 神魔小说	15 世纪 元末明初	尚未定论	7.8
《金瓶梅》	兰陵笑笑生	长篇 世情小说	16 世纪 明嘉靖至万历年间	山东一带官话	83
《西游记》	吴承恩	长篇 神魔小说	16 世纪 明万历年间（1573—1620）中前期	江淮官话	82
《三宝太监西洋记通俗演义》	罗懋登	长篇 神魔小说	16 世纪末 明万历廿五年（1597 年）	尚无定论	73.3
《初刻拍案惊奇》	凌濛初	拟话本 世情小说集	17 世纪 明天启七年（1627 年）	江淮官话	39.5
《二刻拍案惊奇》	凌濛初	拟话本 世情小说集	17 世纪 明崇祯五年（1632 年）	江淮官话	42.7
《型世言》	陆人龙	拟话本 世情小说集	17 世纪 明崇祯五年（1632）	吴语	33
《十二楼》	李渔	拟话本 世情小说集	17 世纪 清顺治年间（1644—1661 年）	江淮官话	17.7
《醒世姻缘传》	西周生	长篇 世情小说	17 世纪 清顺治年间（1644—1661 年）	北方官话	81.8
《儒林外史》	吴敬梓	长篇 讽刺小说	18 世纪 乾隆十四年（1749 年）前后	江淮官话	37
《红楼梦》	曹雪芹、高鹗	长篇 世情小说	18 世纪 清乾隆年间（1736—1796 年）	北京话	96

续表

作品	作者	题材及体裁	成书时期	语言地域种类	篇幅（万字）
《镜花缘》	李汝珍	长篇神魔爱情小说	18 世纪末 19 世纪初 清嘉庆年间（1796—1820 年）	江淮官话	48
《儿女英雄传》	文康	长篇侠义小说	19 世纪中叶 清道光（1821—1850 年）中叶	北京话	55
《跻春台》	刘省三	拟话本世情小说集	19 世纪末 清光绪二十五年（1899 年）前后	西南官话	32

同时，为了厘清明清汉语焦点结构的来源和发展，本书将研究范围继续扩大，向前溯源，往后延展，所用语料还囊括了明清之前及之后的作品。这部分语料，主要来自朱冠明语料库与北京大学现代汉语语料库。

第二章
前置型焦点结构

前置型焦点结构，即用在焦点成分前标记其作为焦点。明清汉语中，这类焦点结构既可以关联体词性成分，也可以关联谓词性成分，句法位置具有浮动性。本章主要探讨“是”与“只”两类结构。

第一节 “是”标记焦点

一、以往对“是”标记焦点的研究

这里说的“是”，即用在焦点成分前标记其作为焦点的“是”。这个“是”通常被认为是系词或由系词“是”语法化而来。系词标记焦点属于大部分语言的共性，Heine 和 Reh 通过对非洲语言的调查发现，焦点标记来源于分裂结构中的系词[①]；张军指出，系词用作焦点标记的情况在汉藏语系中很普遍[②]。对于汉语而言，“是”可以标记其后成分作为焦点，这里有一个问题，即汉语中究竟

① Heine B，Reh M. Grammatical and Reanalysis in African Languages [M]. Hamburg：Helmut Buske，1984.

② 张军．汉藏语系语言判断句研究 [M]. 北京：中央民族大学出版社，2005：98-104.

是否存在一个区别于系词“是”的焦点标记“是”。本节在总结前人研究的基础上，探讨明清汉语中“是”标记焦点的特性。

(一)“是”的性质

部分学者认为，汉语中按照轻读、重读，存在两个表示强调的“是”，其中，轻读的“是”并非句子线性结构中的要素，可以被省略，属于标记其后成分作为焦点的焦点标记，如在“是我打了他”中，“是”标记其后施事主语“我”作为句子的焦点，持这种观点的代表有范开泰①、方梅②和刘丹青③。其中，方梅的研究对汉语焦点研究具有深远的影响，她指明了焦点标记“是”的用法，认为用“是”标示的成分有施事、时间、处所、工具，但一般不能是动词后的受事成分，用“是”标示的受事成分仅限于被动句，例如“[是小王]被蛇咬了”；“是”也可以用在动词的前面，例如“我[是爱你]才这么说的”；“是”还可以用在一些具有指量意义或程度意义的修饰成分前面，例如“我[是刚刚]进屋，还没来得及换衣服呢”。

但汉语中是否存在一个独立于系词“是”的焦点标记“是”面临挑战。一是焦点标记“是”可以进入“是不是”正反问，即仍然具有动词性；二是不能解释“是”的分布，即作为焦点标记的“是”为什么不能出现于介宾或述宾之间④。因此相当一部分学者将焦点标记“是”与系词“是”一以贯之，指出“是”标记焦点是系词“是”的一个用法。持这种观点的学者包括吕叔湘⑤、李英哲等⑥、徐杰⑦、沈家煊⑧。沈家煊指出，“是”字统一的语法性质就是系词，起强调作用，而不是其他什么动词；判断的强弱有差别，“是”一般轻读，不加“是”(改用停顿)也能表示判断，需要加强判断的时候就加上，“是”重读就是最强的判断，表示“确认”；“是”后边是名词性成分还是动词性成分在汉语里

---

① 范开泰．语用分析说略[J]．中国语文，1985(6).

② 方梅．汉语对比焦点的句法表现手段[J]．中国语文，1995(4).

③ 刘丹青．语法调查研究手册[M]．2版．上海：上海教育出版社，2017：219-245.

④ Teng S. Remarks on Cleft-Sentence in Chinese[J]. Journal of Chinese Linguistics, 1978, 7(1).

⑤ 吕叔湘．汉语语法分析问题[M]．北京：商务印书馆，1979：49.

⑥ 徐杰，李英哲．焦点和两个非线性语法范畴：“否定”“疑问”[J]．中国语文，1993(2).

⑦ 徐杰．普遍语法原则与汉语语法现象[M]．北京：北京大学出版社，2001：128-131.

⑧ 沈家煊．名词和动词[M]．北京：商务印书馆，2016：199-206.

不重要，“是”表示的判断可以是“客观的等同或归属”也可以是“主观的认同或归认”[①]。

（二）“是”的语义

对“是”的语义认知中，同样存在统一和划分的差异。吕叔湘在《现代汉语八百词》中，根据“是”可以出现的句法环境，对其所表示的各种关系进行了详尽的分类，但总体而言，他概括认为，“是”主要起肯定和联系的作用[②]；张和友根据“是”的内涵逻辑，把“是”字句分为典型“是”字句、准典型“是”字句、非典型“是”字句（包括语义特异型、聚焦式“是……的”结构、确定型“是”字结构和断定悬空型“X是”结构四种）三类，典型“是”字句经验句法语义直接同构，准典型“是”字句所含的“动性”成分要经过指称化才能纳入典型结构那样的语义模式，非典型“是”字句可以通过缺省信息的复原、信息结构的调整、抽象名词（情形、情况、原因等）的中介等手段归入“等同/类属”的语义类别，即所有的“是”的核心语义都是表示等同或类属关系[③]。

但也有不少学者指出“是”标记焦点和“是”表示判断，二者的语义存在差别。黄正德指出，判断义的“是”表示等同或类属，而分裂句（标示焦点）的“是”在语义功能上却不是等同或类属，而是强调句子的成分[④]。石毓智把“是”分为表判断、焦点、强调、对比四个用法：表判断的“是”作为核心动词，连接主宾语表示等同分类等各种关系，表焦点的“是”加在谓语动词前的成分上使之焦点化，表强调的“是”用在形容词短语（强调程度高）和动词短语（强调事件发生的真实性）前，表对比的“是”常用在两个相邻小句，表示在一定的语境中有关对象在性质或状况上存在鲜明的差别[⑤]。张斌将作为谓语中心或谓语部分构成的动词“是”分为判断义和强调义：表判断义的“是”对主语和宾语所表示的两个事物（或概念）的某种关系起判断和肯定的作用，语义

① 沈家煊．名词和动词［M］．北京：商务印书馆，2016：199-206．

② 吕叔湘．现代汉语八百词［M］．北京：商务印书馆，1999．

③ 张和友．“是”字结构的句法语义研究——汉语语义性特点的一个视角［M］．北京：北京大学出版社，2012：19-47，91-170．

④ 黄正德．说“是”和“有”［C］//“中央研究院”历史语言研究所．“中央研究院”历史语言研究所集刊（第五十九本第一分册）．台北：东方印刷有限公司，1988：43-64．

⑤ 石毓智．论判断、焦点、强调与对比之关系——“是”的语法功能和使用条件［J］．语言研究，2005（4）．

关系大致包括等同、归类、存在、领有、解释、特殊（比喻、所有、特征材料、扮演角色、着装打扮、时间处所、工具手段、某种情况）六种；表强调义的“是”则是用来强调动作行为发生或完成的时间、地点、方式、目的、条件、施事或受事等[①]。刘林对张斌的研究做出总结，认为“是”可以划分为判断义、强调义和确认义三个语义类别：判断义的“是”的作用是判断和肯定两个事物（或概念）的某种关系，强调义的“是”的作用是强调动作行为发生的事件论元情况（或句子的成分），确认义的“是”确认事件或状态的发生、出现或存在等。刘林指出，强调义的“是”标记事件的内部论元（时间、地点、目的、工具、条件、动词前施事或受事等），构成窄焦点结构，确认义的“是”标记句内的谓语成分，构成宽焦点结构，这两类语义的“是”都是焦点标记[②]。

（三）“是”的辖域

“是”统一为系词的研究中，系词“是”被认为不仅可以连接前后名项表示等同或类属，也被认为可以以谓词性成分作为宾语，从这个意义上讲，“是”并非单以其后焦点成分作为辖域，而是以其后所有成分作为辖域。但是对于如“是我打了他”这类结构，一方面，“是＋NP＋VP”可以被分析为一个无主句，“是”以其后“NP＋VP”作为小句宾语；另一方面，“是＋NP＋VP”被分析为一个连谓结构或兼语结构（参见朱德熙[③]和胡裕树、范晓[④]的研究）。朱德熙指出，这类格式中，真正的主语成了“是”的宾语，因此形式上变得没有主语了。游汝杰则认为，兼语句的第一个动词必有论元有两个，而这类结构中的“是”只有一个在它后面的必有论元 NP，因此不归入兼语句[⑤]。

承认独立焦点标记“是”存在的研究中，“是”的辖域被认为是紧邻其后的焦点成分[⑥]。但也有学者针对“是”只能处在谓语动词前这一特征进行讨论，指出这个“是”并非以其后焦点作为补语，而是以其后整个结构作为补语，例如“是我打了他”的结构为［是［$_{\mathrm{IP}}$ 我打了他］］或［是［$_{\mathrm{VP}}$ 我打了他］］，从而

---

① 张斌．现代汉语描写语法［M］．北京：商务印书馆，2010：595-604．

② 刘林．现代汉语焦点标记词研究［D］．上海：复旦大学，2013．

③ 朱德熙．语法讲义［M］．北京：商务印书馆，1982：196，209．

④ 胡裕树，范晓．动词研究［M］．郑州：河南大学出版社，1995．

⑤ 游汝杰．现代汉语兼语句的句法和语义［J］．汉语学习，2002（6）．

⑥ 石毓智．论判断、焦点、强调与对比之关系——“是”的语法功能和使用条件［J］．语言研究，2005（4）．

将“是”分析为一个助动词或扩展动词的功能范畴，持这种观点的学者有黄正德①、熊仲儒②。熊仲儒③后来对自己的看法进行了修正，从制图理论的角度，认为“是”高于TP，“是”扩展由焦点扩展的TP。

总的来说，系词“是”被认为处在前后两项之间表示等同或类属，而焦点标记“是”被认为可以出现在句中成分前对其表示强调，二者的核心区别在于系词“是”具有联系性，而焦点标记“是”属于右附加，具有联系性的“是”表示前后两项之间的语义联系，右附加的“是”则强调其所附加的成分。我们认为，确实存在一个不同于系词“是”的焦点标记“是”，因为后者可以把句子中某些成分分离出来，整个句式呈现为“［是＋X］＋Y”的形式。如下面的例句：

(a) 是我明天坐车去北京。

(b) 我是明天坐车去北京。

(c) 我明天是坐车去北京。

在上面的例句中，“是”具有将其后成分提取出来进行单独强调的作用，这与“是”作为系词联系前后两项表示等同或类属完全不同。

二、“是”的使用情况

明清汉语中，“是”主要用于四类环境，这四类环境分别是用于疑问、表示确定、表示推测，以及表示条件。下面分别探讨。

(一) 用于疑问

“是”用于疑问主要存在三种类型，分别是是非问、选择问与特指问。

1. 是非问

(a) 可［是沈新娘］来了？请下了轿，走水巷里进去。（《儒林外史》第40回）

---

① 黄正德．说“是”和“有”［C］//“中央研究院”历史语言研究所．“中央研究院”历史语言研究所集刊（第五十九本第一分册）．台北：东方印刷有限公司，1988：43-64.

② 熊仲儒．“是……的”的构件分析［J］．中国语文，2007（4）.

③ 熊仲儒．当代语法学教程［M］．北京：北京大学出版社，2013：101-104.

(b) 我才刚在奶奶前问起姑娘来，说姑娘到园中去了。可［是从邢姑娘那里］来么？(《红楼梦》第90回)

2. 选择问

(a) 六老爷，［是即刻］就来，是晚上才来？(《儒林外史》第42回)

(b) 他的脚步散散的，知他［是到南京去］？北京去了？(《儒林外史》第52回)

3. 特指问

(a) 西门庆在马上，教玳安先头里走："你瞧［是谁］在大门首？"(《金瓶梅》第21回)

(b) 再女孩子们［是从那里］得来？(《红楼梦》第74回)

(二) 表示确定

这里说的确定，是一种传信情态，包含言者得知某事确定存在，或言者对自身所亲历事件的说明。如下面的例句：

(a) 到后树上摘取，只见那树上花果稀疏，止有几个毛蒂青皮的。原来熟的都［是猴王］吃了。(《西游记》第5回)

(b) 宗师问道："他的须鬓怎都没有的？"县官说："也不晓是怎样，但也久了。"宗师说："不然。他方才说［是十四日］被门人拔去了。"(《醒世姻缘传》第39回)

(c) 不是令爱请你，［是我］请你来，告诉件事。(《醒世姻缘传》第6回)

(d) 元帅道："你们是旱路而来？你们是水路而来？"通事道："小的［是从旱路］而来。"(《西洋记》第86回)

"是"表示确定存在两种类型。例(a)和例(b)表示言者得知某事确实存在，可能是言者亲眼所见，也可能是言者从别处获知；例(c)和例(d)表示言者对自身亲历事件的说明。

（三）表示推测

这里说的推测，是一种认识情态，即言者推测某事确实或者可能存在。如下面的例句：

（a）那里有半毫银气？多［是铅铜锡］装成，见火不得的。（《二刻拍案惊奇》第15回）

（b）胡说！甚么鬼帽？明明［是用妖法］盗取，还要强辩！（《跻春台·阴阳帽》）

（c）有饭没有？我吃些，还要迎回大哥去哩。今日不消等，看来［是明日］到。（《醒世姻缘传》第85回）

（d）路上撞见知观走来，料［是在他家里］出来，早上了心。（《初刻拍案惊奇》第17回）

“是”表示推测存在两种类型：一是“是”前存在表示事件可能性的副词，包含表示可能的“多”、表示确定的“明明”；二是“是”前存在推测义的情态副词，如“看来”，或情态动词“料”。

除了“料”，明清汉语中还存在单音节情态动词“想”与“是”连用的情况。根据我们的统计，“料是”在现代汉语中几乎消亡（老舍与王朔作品中均不见）；根据王灿龙的统计，“想是”也已经日渐式微乃至濒临消亡。王灿龙将原因归结为“想”和“是”独立成词的事实，其他表达形式对“想是”市场的独占等[①]。

（四）表示条件

“是”表示条件是指“是”其后的焦点项具有条件义，当焦点项所表示的条件存在时，整个焦点句所表示的事件才会发生，即句式呈现出条件-结果义。如下面的例句：

（a）此非凡间之宝，其妙无量，连咱也不能尽知其用，必［是世间大有福的人］方得有此。（《二刻拍案惊奇》第36回）

（b）那花子急了。道：“儿，这是工部大堂着买缎子的官银。”便与他瞧。那书办道：“这［是到工部大堂上］才开，谁人敢动一动儿，叫他有胆力拿去。”（《型世言》第5回）

---

① 王灿龙．一个濒于消亡的主观性标记词——想是［J］．当代语言学，2009（1）．

(c) 这所祭的是个大圣人，须得［是个圣贤之徒］来主祭，方为不愧。(《儒林外史》第 24 回)

(d) 似此等虚妄之人该［是这样处置他］才妙。(《初刻拍案惊奇》第 39 回)

“是”表示条件同样存在两种类型：一类是句中存在条件副词，如“方”“才”等；另一类是句中存在表示道义情态的副词，如“须得”“该”等。

这类结构中，即使不存在“是”，方括号内的成分作为条件-结果句中的必要条件，依然是句子焦点。

三、“是”标记焦点的特性

这里探讨的是典型结构中作为焦点标记的“是”。这个“是”在句法上呈现出浮动性特征，句子背景成分可省略，“是”可以不紧邻焦点；在语义上，“是”标记焦点主要呈现出排他义，但在特殊情况下也可以不表示排他。下面具体探讨。

(一) 句法特征

(a) 好个刘氏，行止疾徐，曲中乎礼，行到厅上，说道：“侧厅儿［是我］在那里讲话。”判官道：“好一阵生人的气味！你和哪个讲话？”(《西洋记》第 87 回)

(b) 正自吆喝爆燥之间，忽闻得一阵香烟扑鼻，他回了性道：“这香烟［是从后面］飘出，想是在后头哩。”(《西游记》第 83 回)

在例 (a) 和例 (b) 中，“是”可以分别出现在句首主语(“我”)、句中处所(“从后面”)前，标记其后成分作为焦点，即“是”具有浮动性。

(c) 小娥问邻居之儿：“此是谁家要雇用人？”邻人答应：“此是申家。”(《初刻拍案惊奇》第 19 回)

(d) 道犹未了，一手丢下一扇飞钹来，两手丢下两扇飞钹来。师徒们一个站在一扇飞钹上，呼一声响，早已无影无踪去了。番王道：“明日再到飞龙寺里去请罢。”到了明日，果然是在飞龙寺里。(《西洋记》第 75 回)

“是”可以与焦点成分共现单独成句，背景成分作为言谈双方的共享信息，可以省略，如例 (c) 省略谓语“要雇用人”，例 (d) 省略主语“飞钹”。

(e) 想到那里，又自啐道："我［是偷着］看，若只管呆想起来，倘有人来，又看不成了。"(《红楼梦》第 116 回)

(f) 天师道："和尚的桃子，敢是偷我的?"长老道："是我［拾将来了］。"(《西洋记》第 12 回)

(g) 这个当儿，张老夫妻［是在他家］等着接姑爷呢，只有舅太太、安太太、金玉姊妹并一班丫鬟几个家人媳妇在那里。(《儿女英雄传》第 36 回)

(h) 你不要真是在这里［作梦］呢罢? 不然那里来这些无影无形的梦话！(《儿女英雄传》第 23 回)

"是"与焦点之间可以被其他成分隔开，隔开成分通常是默认或听说双方已知的背景成分，如例 (e) 和例 (f) 中的施事"我"、例 (g) 中的处所成分"在他家"、例 (h) 中的处所成分"在这里"。

因此，"是"标记其后焦点时可以紧邻焦点，也可以处在话题和述题之间。黄正德认为，这个"是"是一个助动词，与以状态或命题作为其宾语的助动词"可能""应该""会"(表示将来) 相当。"是"本身是断定两个名项之间等同或类属，这种断定也可以被表述为后一名项对前一名项的描述，当后项由具体的名项演变为抽象的谓项时，在距离象似性原则的推动下，"是"可以标记其后成分作为焦点[①]。

(二) 语义解释

"是"在标记焦点时，焦点项倾向于具有排他性与穷尽性。但是也存在例外的情况。如下面的例句：

(a) 我在监里的时候，倒认得了好几个有义气的朋友，听见他们说起来，不独是城内姓贾的多，外省姓贾的也不少。(《红楼梦》第 104 回)

此例中，"是"后的 X 无法获得排他义与穷尽义。刘莹、李宝伦[②]指出，"是"字句预设基本命题与其他候选项之间是一种互斥析取关系，对比性是

---

① 黄正德．说"是"和"有"[C] //"中央研究院"历史语言研究所．"中央研究院"历史语言研究所集刊 (第五十九本第一分册)．台北：东方印刷有限公司，1988：43-64.

② 刘莹，李宝伦．穷尽性还是对比性? ——从英语分裂句看汉语焦点类"是"字句的语义 [J]．外语教学与研究，2019 (5).

“是”字句语义的基本组成部分，而穷尽义严格来说则是肯定语境中会话双方基于预设和断言得到的推理。如“是雨水也是农民的汗水浇灌了这片土地”，这种非穷尽性解读本质上并不影响“是”字句本身的穷尽性，因为两个候选项之间有交集，非极性对立。但是在此例中，“城内”和“外省”之间并不存在交集，“是”若是对“城内”产生穷尽性解读，势必就会造成“外省姓贾的也不少”不合法。在南宋的语料中，我们发现了更为明显的用例：

(b) 这一段，是从卦气上看来，也是从卦画生处看来。(《朱子语类》卷 77)

(c) 这说亦是偏了。若专政刑，不独是弱者怕，强者也会怕。(《朱子语类》卷 23)

因此我们认为，“是”可以仅仅标示其后 X 作为焦点，而不产生任何穷尽性解读，语境中还可以存在 X 之外的其他适配项。此时“是”作为连接话题和述题的连接词，焦点落在 X 上。

四、“是”的典型来源

标记焦点的“是”，是从系词“是”发展而来的。“是”被认为作为成熟的系词一般是在中古时期[①]。根据我们的调查，“是”正是在中古汉语中语法化为助动词，并在近代汉语中得到进一步发展。从语义发展来看，“是”首先从表示联系的系词发展为连接话题与述题，并由连接词发展为对其后成分表示单独限定。下面具体探讨。

在中古汉语中，“是”可以联系一个名项和一个关系从句成分，表示等同或类属。如下面的例句[②]：

(a) 秦公身是始封之君，将为不迁之祖。(《魏书》卷 182)

(b) 愚人乃不信黄丹及胡粉，是化铅所作。(《抱朴子·论仙》)

(c) 边皆是北人听我语者。(《宋书》卷 59)

---

① 王力．汉语语法史［M］．北京：商务印书馆，2005：183-197.

② 陈丹丹（汉语史上关系从句的类型学考察［D］．北京：中国社会科学院，2009）认为，假定存在一个提取名词性成分的过程，就是将一个小句中的某个名词性成分提取出来作为核心名词，而将句子的其余部分作为该核心名词的修饰语，那么，可以将提取出来的名词性成分还原到原来小句中的相应位置作为核心论元。可以还原为小句的就是关系从句。古代汉语中存在以“之”“所”“者”等作为标记的关系从句。

Givón 指出，关系从句是名词短语内部的、作为名词的修饰语的嵌入的从句[①]。上面的例句中，“是”后的关系小句本身是一个体词性成分，表示断定，但是又因为关系小句本身的性质，后项可以表示对前项情况的描述。

例（a）是“VP 之 NP”的“之”类关系从句，例（b）是“NP 所 VP”的“所”类关系从句，例（c）是“NP VP 者”的“者”类关系从句。后两例与“是＋［NP＋VP］”同构，NP 生成于 VP 的指示语位置。根据我们的调查，“者”类的用例较少，“所”类句式则与“是＋［NP＋VP］”结构直接相关。

中古时期，“所”类句式中的关系化标记“所”有可能脱落而演变为“是＋［NP＋V］”。如下面的例句：

（d）作是语已，流血遍身曳地而去。往至家中，银色眷属诸亲见已，皆共问言：“① 是谁所作?”银色答言：“② 是我自作。”（元魏佛陀扇多译《银色女经》）

（e）如香象蹴踏非驴所堪，还是香象之所能忍，大婆罗门、如来世尊大香象王亦复如是。所说深义① 非是二乘之所能知，② 还是香象诸大菩萨乃能受持。（北凉昙无谶译《大方等无想经》）（“还”表示转折，义为“反而、却”）

（f）其余或是后汉及魏所置，今则或置或不。（《宋书》卷 39）

（g）荆州有从事史，在议曹从事史下，大较应是魏、晋以来置也。（《宋书》卷 40）

（h）大元中，彦为兰台令史，以盘饷侍中张散，散看其题，云是汉永平三年所作也。（梁吴均《续齐谐记》）

（i）验浑仪铭题，是光初四年铸，土圭是光初八年作。（梁武帝《锺纬律》）

袁毓林指出，随着“者”的句法功能扩张，“所”的句法功能受“者”的排挤而呈萎缩之势，“所”有时可以省去[②]；陈丹丹同样指出，“所”作为关系从句标记不处在联系项的位置，不便于标记和区分，缺乏共性，慢慢衰落[③]。例（d）至例（i）正显示了“所”在“是＋［NP 所 V］”结构中的脱落。

① Givón T. Syntax：A Functional-Typological Introduction［M］. Amsterdam：John Benjamins，1990.

② 袁毓林．“者”的语法功能及其历史演变［C］//中国语文编辑部．庆祝中国社会科学院语言所建所 45 周年学术论文集．北京：商务印书馆，1997：132-149.

③ 陈丹丹．汉语史上关系从句的类型学考察［D］．北京：中国社会科学院，2009.

首先，例（d）中，“是”的后项“NP 所 V”是一个体词性成分，“是”作为系词连接两个体词性成分；例（e）中，“是”的后项则是一个谓词性成分“NP＋V”；其次，例（d）中，“是”的后项是一个关系从句形式“NP 所 V”，“是”作为系词表示前项与后项所指具有同一性（identity），作为句子的核心动词；例（e）中，“是”的后项则是一个简单小句形式“NP＋V”，其所指不再与前项具有同一性，反而是作为对前项的陈述，系词“是”的判断意义发生变化。

“是”由断定到表示陈述，表示断定时“是”的后项是一个具体的物，表示陈述时“是”的后项则可以是一件抽象的事，“是”从带体词性成分作为宾语，到带复杂的谓词性成分或小句作为宾语，这符合认知领域中从较为具体的认知域向更为抽象的认知域转移的等级原则。

在这里，“是”又出现了两种截然不同的发展路径：一是“是”的后项由无宾语小句扩展到有宾语小句，即“是＋NP＋VO”构成一个独立陈述的命题，“是”处在句首标记其后 NP 作为焦点；二是“是”的前项由受事主语扩展为施事主语，即“S＋是＋NP＋V”，“是”在句中标记其后成分作为焦点。

（一）句首的焦点结构“是”

首先是句首的“是”。在“S＋是＋［NP＋V］”中，“是”陈述前项具有后项所表述的情况。当“是”的后项从一个无宾语小句“NP＋V”扩展为有宾语小句“NP＋VO”时，“是”发展为典型焦点结构“是”，如下面的四组例句。

第一组：

(a) 所谓计言一切世间命无命物，一切皆是魔醯首罗之所化作，非是业果。（元魏瞿昙般若流支译《正法念处经》）

(b) 是四种兵或是恶魔化作，欲来向佛。（龙树菩萨著、后秦鸠摩罗什译《大智度论》）

(c) 虫从鼻涕忽然堕地，妇即惭愧欲以脚踏。道人告曰：“止杀莫杀，是卿夫婿化作此虫。”（梁沙门僧旻宝唱等集《经律异相》）

第二组：

(a) 于大众前咒作一树，自然长广荫覆众会枝弃郁茂华果各异。众人咸言：“此变乃是劳度差所作。”（梁沙门僧旻宝唱等集《经律异相》）

(b) 于大众前，咒作一树。自然长大，荫覆众会，枝叶郁茂，花果各异。众人咸言："此变乃是劳度差作。"（元魏慧觉等译《贤愚因缘经》）

(c) 是时优娄频螺迦叶祭祀火讫，欲覆藏置，即不能覆。是时优娄频螺迦叶作如是念：决定是彼沙门瞿昙作此神通，令我等辈不得覆火。（隋天竺三藏法师阇那崛多译《佛本行集经》）

第三组：

(a) 见金银珍宝，是汝母入门时所有也。（吴月支优婆塞支谦译《佛说赖吒和罗经》）

(b) 如是相者是前时有。（北凉浮陀跋摩与道泰共译《阿毗昙毗婆沙论》）

(c) 如大篆之文，皆言开辟已来事，人莫能识。言是伏羲画卦之时有此书，或言苍颉造书之处。（前秦王嘉撰、梁萧绮录《拾遗记》）

第四组：

(a) 宜昌令，何志晋武帝立。按《太康》、《永宁地志》并无，疑是此后所立。（《宋书》卷37）

(b) 洛阳，当是何志后立。（《宋书》卷37）

(c) 《永初郡国》胄旨县，即宙底也。当是后又立此县，而字误也。（《宋书》卷37）

上面的四组例句中，(a) 句是"是＋NP所V"格式，(b) 句则是 (a) 句省略"所"后构成的格式"是＋NP＋V"，(c) 句则是 (b) 句中V扩展到VO构成的格式"是＋NP＋VO"。在 (a) 句中，"是"的后项是一个关系从句，"是"作为系词既可以表示前后两项等同，也可以陈述前项具有后项所描述的情况；(b) 句中，"是"既可以作为系词陈述前项具有后项所描述的情况，也可以被分析为助动词表示对其后NP的强调；(c) 句中，"是"后的成分则是一个语义完整的小句。

徐烈炯、刘丹青指出，在论元共指式话题中，"假如共指成分在述题中位于主句或小句的主语或宾语位置上，则空位的出现是比较自由的，而复指则受到一定的制约。制约主要来自话题成分的语义范畴。指人的话题，用'他'复指比较自由，而不指人的话题尤其是指无生命物的话题，用'它'来复指就不是很自然……不说出来句子更加自然。抽象意义的名词短语、动词短语以及小句虽然可以用‘这件事’‘这样做’等带指示词的简短名词短语来复指，在实际语言中也是更常以空语类出现……不出现更加常见和顺口”[①]。这里可以解读为，在上面四组例句的（b）句中，“是”的后项“NP＋V”可以作为对前项 S 的陈述，表示 S 的情况或状态是“NP＋V”；而在（c）句中，“是”后的成分“NP＋VO”作为述题比较不自然，而更倾向于被分析为一个独立陈述的命题。试看下面的两组例句。

第一组：

（a）张三买了一个苹果，是李四吃了。

（b）张三买了一个苹果，是李四吃了那个苹果。

第二组：

（a）张三买了一个苹果，是昨天吃了。

（b）张三买了一个苹果，是昨天吃了那个苹果。

（a）句可作为对话题“（张三买的）苹果”情况的陈述，“是”连接的两项之间存在语义联系，“是”既可以被分析为一个表示陈述的系词，也可以分析为对其后成分表示强调；（b）句则更倾向于作为一个独立陈述的命题，“是”倾向于被分析为对其后成分表示强调。

（二）句中的焦点结构“是”

“是”前的受事主语可以扩展为当事主语。如下面的例句：

（a）粲是建安中亡。（《宋书》卷 36）

（b）寻此录失源，多有人经，详其来也。岂天坠而地涌哉，将是汉魏时来，岁久录亡。（《全梁文·续撰失译杂经录》）

在近代汉语中，“是”前主语进一步扩展至施事主语。如下面的例句：

（c）我闻此下五事证信。我闻着即阿难。其人具四功德无量八不思议，故此人闻可信也。一时者明闻有时节，阿难是何时闻？次辩某时闻也。（隋吉藏撰《观无量寿经义疏》）

（d）来晨师上法堂参，德山问：“阇梨是昨晚新到，岂不是？”（《祖堂集》卷 7）

---

① 徐烈炯，刘丹青．话题的结构与功能［M］．上海：上海教育出版社，2018：107．

NP 成分除了表示时间以外，还可以表示处所或工具，如下面的例句：

(e) 十方者，马和尚是汉州十方县罗汉寺出家也。(《祖堂集》卷 2)

(f) 具寿，汝是婆罗门种出家，今非沙门非婆罗门。(唐义静译《根本说一切有部苾刍尼毗奈耶》)

NP 成分可以扩展至非 NP 成分，如下面的例句：

(g) 不须泥这般所在。某那夜是偶然说如此，实亦不见得甚浅深，只一个是死后说，一个是在生时说。(《朱子语类》卷 30)

(h) 师又时举起杖云："从上来皆留此一路方便接人。"僧云："和尚犹是从头起也。"(《祖堂集》卷 12)

(i) 汝是带病出家，非沙门婆罗门。(唐义静译《根本说一切有部苾刍尼毗奈耶》)

五、"是"的其他来源

上文说的典型来源，即"是"发展为典型焦点结构"是"的句法环境为分裂结构。除此之外，汉语中作为焦点结构的"是"的另一个来源环境是"是"省略主语并在其后存在一个补语小句，即连谓结构"是＋NP，VP"。

系词"是"本来用在判断对象和判断语之间，表示二者等同或类属，即"S＋是＋NP"。在语篇中，S 作为话题主语，可以带出多个评述句子构成话题链，即判断小句后往往存在其他指向 S 的补语小句 VP①，构成连谓结构"S＋是＋NP，VP"，补语小句 VP 或者直接跟在判断小句之后，或者与判断小句之间通过连词（如承接连词"而"、转折连词"而"）连接，如下面的例句：

(a) 我是鲁子敬，安冢在此二百许年。(《搜神后记》卷 6)

(b) 我是山神，当相佑助。(《搜神后记》卷 7)

(c) 我是某国人，而于道路值此群贼。(《百喻经》卷 65)

(d) 谓汝是佳人，而无所知。(《搜神记》卷 5)

当对 S 表示问询时，S 可以省略从而构成零主语的"[是＋NP] ＋VP 结构"结构，如下面的两组例句。

---

① "S 是 NP"后可能出现多个动词短语，这里将判断小句后所有指向主语 S 的动词短语合称为一个 VP。

第一组：

(a) 时王既见彼天子形，风姿端正必知非凡，而问之言："汝是何神而忽来下？"（东晋法显译《大般涅槃经》）

(b) 未至宝所，龙王捉住。时诸商人，甚大惊怖，胡跪合掌，而仰问曰："是何神祇，而捉船住？若欲所得，应现身形。"（东晋《佛说因缘僧护经》）

第二组：

(a) 告诸菩萨："汝等见此光明不乎？"对曰："唯然见之。不审此光明是何佛光照此世界？"（姚秦竺佛念译《中阴经》）

(b) 时功德王明菩萨见此大光，问无边功德智明佛言："世尊，是何光明映照此界？"（姚秦鸠摩罗什译《佛说华手经》）

当对S进行问询时，NP是一个疑问指称词（"何神""何神祇""何佛光""何光明"）作为整个特指疑问句的焦点；"S"作为整个话题链的话题主语，是确定已知的，无论是"是＋NP"，还是VP，都是针对S做出的陈述，因此即便S省略，它也可以被补出，如"（汝）是何神祇""（此大光）是何光明"；在判断小句和补语小句之间做连接词的"而"，是一个承接连词。

在上面的两组例句中，首先，(a) 句是完整的"S＋是＋NP，VP"连谓结构，S不仅作为"是＋NP"的主语，而且作为VP的主语，但是 (b) 句中S省略，而NP直接就在VP之前，导致NP从形式上看就像是VP的主语；其次，(a) 句中"是"连接前后名项S和NP，表示二者之间具有等同或类属的关系，但是 (b) 句中S省略，"是"并非直接处在两个名项之间，其联系功能受到抑制。

NP在形式上可以看作VP的主语，并且NP在语义上也与VP主语存在同指的可能。通常情况下，疑问指称词NP作为宾语，句子的语义偏重于说明性叙述①。杉村博文指出，"谁/什么"出现在句尾充当"是"字宾语时，句子的主语和"谁/什么"既可以表示类属关系，也可以是同一关系②。NP可以与S同指，因此NP有作为VP主语的可能。上面第二组例句 (b)"是何光明映照此界"已经与汉语中强调主语的"［是＋NP］＋VP"结构非常接近了。

---

① 吕叔湘．"谁是张老三？"＝"张老三是谁"？［J］．中国语文，1984 (4)．

② 杉村博文．论现代汉语特指疑问判断句［J］．中国语文，2002 (1)．

如果 S 无法补出，那么此时 NP 不仅在形式上像是 VP 的主语，而且在语义上指向 VP 的主语，如下面的例句：

(a) 说此经法已，佛及诸佛子，一切隐不现。罗婆那夜叉，忽然见自身，在己本宫殿，更不见余物，而作是思惟："向见者谁作？说法者为谁？是谁而听闻？我所见何法？……"（元魏菩提流支译《入楞伽经》）

(b) 世尊知而问阿难曰："园外是何等人语言声高？"（姚秦竺佛念译《戒因缘经》）

这里，言者是对"是"的前项发出问询，此时语境中并不存在一个确定的 S 与 NP 同指，言者是对 VP 的施事发出问询。第一个例句中，言者并不确定是自身还是对方"听闻［此法］"；第二个例句中，言者并不和 NP 所指处在同一空间。

因为补不出 S，"是"彻底失去其联系的功能，NP 在语义上指向 VP 的主语。在这里，"是＋NP"不再表示对 S 的问询，而是表示对主语 NP 的强调。

"是谁而听闻"中，"是＋NP"与 VP 之间被承接连词连接，当"是＋VP"与 VP 之间被承接副词而非承接连词连接时，NP 只能被分析为 VP 的主语。如下面的例句：

佛入静室，① 是谁神力而现斯变？为余声闻目揵连等？将非弥勒菩萨、越三界菩萨、文殊师利菩萨、不空见菩萨？② 为是修习大乘之人，乃能示此神变之相。（刘宋功德直译《菩萨念佛三昧经》）

小句① 中，"是＋NP"与 VP 之间用承接连词"而"连接，因此二者仍然可被分析为相对独立的谓语，NP 指向 VP 的主语；小句② 中，"是＋NP"与 VP 之间用承接副词"乃"连接，"是＋NP"不能再被分析为独立于 VP 的谓语，此时 NP 需要被分析为 VP 的主语。

"［是＋NP］＋VP"中的 NP 也可以从疑问指称词扩展到一般名词，如下面的例句：

尔时长老摩尼娄陀问言："① 是谁为我穿针？"佛告之言："摩尼娄陀，② 是我为汝贯穿针耳。"（隋阇那崛多译《佛本行集经》）

"［是＋NP］＋VP"结构本来是一个连谓结构，NP 作为"是"的宾语。但是由于无法补出其前的话题主语，"是"失去其联系的功能；NP 因为与 VP 的主语同标共指，而被重新分析为 VP 的主语。

六、小结

本节探讨了明清汉语中的焦点结构“是”。

从共时的层面来看，明清汉语中的“是”主要用于四类环境：用于疑问、表示确定、表示推测，以及表示条件。“是”作为焦点结构时，其在句法上具有浮动性，可以不与背景成分共现，可以紧邻其后成分，也可能被默认成分隔开；在语义上，“是”通常被认为具有排他性和穷尽性，但据我们的考察，“是”也可以仅仅标示其后焦点，焦点项不必有穷尽性与排他性。

从历时的层面来看，焦点结构“是”是由系词“是”发展而来的。典型分裂环境中，关系化标记“所”的脱落导致“是”后成分由关系从句演变为小句，“是”发展为对其后成分表示强调；多个述题构成的话题链中，对话题的问询导致“是”后成分在形式和语义上作为其后述题的主语，“是”发展为对其后成分表示强调。

第二节　“只”标记焦点

一、以往对“只”标记焦点的研究

“只”作为“限定副词”，又称“限制副词”，属于范围副词的一个小类，对其所修饰对象的数量或范围进行限定，因此又被称为“言少类修饰数量词的副词”[①]、“唯一性范围副词”[②]、“排他性范围副词”[③] 等。张谊生根据表义功能，继续把唯一性副词分为表示例外和表示特例两类。表示例外的唯一性副词，诸如“只、就、惟、偏、独、独独、偏偏、唯独”等，相当于英语介词 except；表示特例的唯一性副词，诸如“仅、光、单、单单、仅仅”等，相当于英语介词

---

① 马真．修饰数量词的副词［J］．语言教学与研究，1981（1）；马真．现代汉语虚词研究方法论［M］．北京：商务印书馆，2004：235.

② 张谊生．论现代汉语的范围副词［J］．上海师范大学学报（社会科学版），2001（1）；张谊生．现代汉语副词探索［M］．上海：学林出版社，2004.

③ 张亚军．副词与限定描状功能［M］．合肥：安徽教育出版社，2002：105-125.

besides[①]。在此基础上，刘探宙提出了“唯量词”的概念，用来指一些在语义上表示唯一的量化副词，包括“只、就、唯、惟、唯独、仅、仅仅、单、单单”，其本身有确指和排他义，常重读，主要修饰体词性成分；其后成分可不重读；其省略后，会改变句义。唯量词的焦点标记辖域要小于其统制范围，其辖域就是其后的名词或离它最近的名词所在的动词的短语[②]。

《现代汉语八百词》将“只”的语义概括为“除此之外没有别的”，可用于限制与动作有关的事物（常常和“不/没”对举），限制与动作有关的事物的数量，限制动作本身及动作的可能性，或者直接放在名词前限制事物的数量（可以说中间隐含着一个动词“有、是、要”等）。李宇明以“只”为例，提出了语义指向的“指源”（副词本身）、“指域”（副词辖域）、“指的”（辖域中的语义焦点）等概念。该分析与形式语义学中焦点算子的三分结构暗合，副词“只”在焦点的研究中也就被作为一个焦点敏感算子，标记其辖域内的成分作为焦点[③]。与前置型焦点结构“是”类似，前置型焦点结构“只”在焦点研究中主要涉及“只”标记焦点的句法特征和语义解释。

需要注意的是，本书在谈论“只”时，包含副词“只”以及“只”与“有、是、要”等构成的结构。

（一）句法特征

“只”被认为在标记焦点时具有浮动性和附体性。

所谓浮动性，是指“只”可以出现在句中不同的位置上，随着“只”在句中位置的不同，句子的焦点也不同，句子的语义解释也随之产生变化（参见徐烈炯[④]、殷何辉[⑤]的研究）。殷何辉对“只”的浮动性特征进行了细致的考察，指出“只”可以使句中不同的成分标记成为句子的焦点，从左至右分别是谓语主语、状语和中心词之前。

所谓附体性，是指“只”作为副词需要出现在谓词性成分前，但是其标记的焦点却是一些需要限定范围的数量名成分，或需要排除或确定的名词及短语，

---

① 张谊生．论现代汉语的范围副词［J］．上海师范大学学报（社会科学版），2001（1）.

② 刘探宙．多重强式焦点共现句式［J］．中国语文，2008（3）.

③ 李宇明．汉语量范畴研究［M］．武汉：华中师范大学出版社，2000：111-118.

④ 徐烈炯．几个不同的焦点概念［C］//徐烈炯，潘海华．焦点结构和意义的研究．北京：外语教学与研究出版社，2005：11-29.

⑤ 殷何辉．焦点敏感算子“只”的语义分析［D］．北京：北京大学，2007.

即“虽可以修饰谓词性词语，但主要修饰体词性词语”（参见张谊生[①]、刘探宙[②]的研究）。董秀芳则指出，“只”的句法指向范围是在线性顺序上紧邻其后的一个短语，并且在其指向范围内，优先选择短语中的补述语（complement）作为语义指向核心，如“他只吃中国菜”的语义指向核心是宾语“中国菜”[③]。殷何辉指出，焦点标记的成分必须能激发出语义明确的选项与句中其他成分构成合适的语义结构体，他给出了“只”的语义指向序列：辖域内的对比重音所在成分＞“只”后 XP 中的 NP（主语、状语、宾语）＞辖域中内嵌最深成分的其他投射（动宾短语＞状中短语）[④]。

（二）语义解释

关于“只”标记焦点的语义解释，同样涉及两个问题：基本语义解释和量级语义解释。

1. 关于“只”标记焦点的基本语义解释

“只”的词汇信息中天然含有对比性、穷尽性和排他性，可作为一个排他性算子，表示对含有焦点词组补集之命题的否定，即排除焦点以外的所有蕴含的选项（参见蔡维天[⑤]、钟华[⑥]、胡建华[⑦]的研究）。蔡维天以“预设-断言”二分理论为出发点，指出“只”字句的预设是基本命题，其断言则为含有焦点词组补集之命题的否定，如“阿 Q 只喝红酒”的预设是“阿 Q 喝红酒”，断言则是“阿 Q 不喝红酒以外的酒”。

2. 关于“只”标记焦点的量级语义解释

“只”所标记的焦点可以与其补集中的选项构成一个量级序列（参见殷何

---

① 张谊生．现代汉语副词探索［M］．上海：学林出版社，2004．

② 刘探宙．多重强式焦点共现句式［J］．中国语文，2008（3）．

③ 董秀芳．无标记焦点和有标记焦点的确认原则［J］．汉语学习，2003（1）．

④ 殷何辉．焦点敏感算子“只”的语义分析［D］．北京：北京大学，2007．

⑤ 蔡维天．谈“只”与“连”的形式语义［J］．中国语文，2004（2）．

⑥ 钟华．现代汉语的焦点表现手段研究［D］．合肥：安徽大学，2007．

⑦ 胡建华．焦点与量化［C］//程工，刘丹青．汉语的形式与功能研究．北京：商务印书馆，2009：83-91．

辉[①]、刘林[②]的研究）。殷何辉指出，"只"在标记焦点时，如果焦点和它所激发的选项构成的命题本身具有推衍关系，或者这些命题是对现实中某种事物推移过程的表达，或者它们的语义在一定的上下文语境中依据某种情理在语义强度上有高低不同，这些命题就会构成一个量级模型；刘林指出，"只"在构成量级表达时，表示句子中焦点所蕴含的焦点选项集合是一个有序集合，所以一般量级式的"只"肯定的是焦点及其所蕴含的焦点选项，排除的是焦点所蕴含焦点选项以外的选项。

二、"只"的使用情况

"只"在明清汉语中主要存在两类使用环境：其一，"只"关联事件或体词性成分；其二，"只"关联行为动作本身。下面分别探讨。

（一）关联事件或体词性成分

"只"关联事件或体词性成分，即"只"指涉的是谓语事件或行为动作的语义角色，包含限定范围、限定数量以及限定程度，如下面的例句。

1. 限定范围

（a）你原只问生子，不曾问甚的祸福。（《西洋记》第 3 回）

（b）只别打他的头，只打他身上。（《醒世姻缘传》第 89 回）

（c）小僧出家人，只这个色身，尚非我有，何况外物乎？（《二刻拍案惊奇》第 36 回）

（d）当日小弟闻大人国只能乘云而不能走。（《镜花缘》第 13 回）

2. 限定数量

（a）连盔带头只有一尺，砍了头，却不矮了一尺。（《西洋记》第 54 回）

（b）只得这二十两银了，要团班子、弄行头是弄不起。（《儒林外史》第 27 回）

---

① 殷何辉．焦点敏感算子"只"的语义分析［D］．北京：北京大学，2007.

② 刘林．现代汉语焦点标记词研究［D］．上海：复旦大学，2013.

3. 限定程度

(a) 千方百计弄出那奸淫事体来。只这般奸淫，已是罪不容诛了。况且不毒不秃，不秃不毒，转毒转秃，转秃转毒，为那色事上专要性命相搏、杀人放火的。(《初刻拍案惊奇》第 26 回)

(b) 那把人命图赖人的，不到得就要这个人偿命，只此一简，已够奈何着他了。(《二刻拍案惊奇》第 31 回)

(二) 关联行为动作本身

“只”关联行为动作本身存在两种情况：其一，这类动作表示持续状态，即一直处在这个动作之中，没有别的动作；其二，这类动作表示瞬时状态，不存在这个动作以外的动作。如下面的例句。

1. 动作表示持续状态

(a) 奶子喂他奶也不吃，只是哭。(《金瓶梅》第 32 回)

(b) 凭他打，任他骂，屁也挤放不出一个，龇了一口白牙茬骨只笑。(《醒世姻缘传》第 91 回)

(c) 和尚见了素食，拿起来吃，只不放下碗和箸。(《三遂平妖传》第 11 回)

(d) 那女子只不则声，凭他说来说去，竟不肯答应一句。(《初刻拍案惊奇》第 5 回)

上面的例句中，句子中 V 存在两种情况：一种是“只（是）$V_{持续}$”，另一种是“只（是）不 $V_{瞬时}$”。后者虽然用的是否定词“不”，但是整体句式表示的是“没有 V”，如例（c）表示“一直没有放下碗和箸”，例（d）表示“一直没有发出声音”。

这类用法最早见于唐五代，V 是表示心理状态的持续动词，自元代开始，V 可以是表示行为动作的动词，自明代开始，V 可以是感官动词。

(e) 父母终朝只是忧，见儿爱伴恶时流。(《敦煌变文集新书·父母恩重经讲经文》)

(f) 我打他不过。三十六计，走为上计。只是跑，只是跑。(杂剧《相国寺公孙合汗衫》)

(g) 夜珠只在石凳之下蹲着，心中苦楚；想着父母，只是哭泣，一夜不曾合眼。(《初刻拍案惊奇》第24回)

2. 动作表示瞬时状态

(a) 望山下只是一溜，快便是去得快。(《西洋记》第20回)

(b) 气的狄婆子挣挣的，掐着脖子，往外只一搡。(《醒世姻缘传》第51回)

(c) 放下宝剑，双手把那皮只一拍，拍开来。(《三遂平妖传》第10回)

(d) 我只一见就唬杀了，那里认得是谁！(《醒世姻缘传》第8回)

上面的例句中，表瞬时动作存在两种句式：一类为“只（是）一V”，其中“一V”表示动作的突然出现，动作是彻底的或是短暂的[①]；另一类为“只一……（就/便）”格式，此时“只”关联的“一V”作为话题。

“只”关涉“一V”表示瞬时动作这类用法最早见于南宋话本之中，在明代大量存在，在清代，我们只在顺治年间成书的《醒世姻缘传》中发现此类用例，此后不见；清代语料中的“只一V”全部为其后存在结果的条件-结果结构。

(e) 寻条绳儿只一吊，这条性命同他要！(话本《快嘴李翠莲记》)

(f) 揭起被，跳下炕来，精赤着身子，往晁源被里只一钻，连声说道：“唬死我了！”(《醒世姻缘传》第6回)

(g) 拔出刀来，单臂抡开，从上往下只一盖，听得噌的一声，把那火剪齐齐的从中腰里砍作两段。(《儿女英雄传》第6回)

三、“只”标记焦点的特性

在句法特征上，“只”在标记焦点时具有浮动性，与焦点之间可以被背景成分隔开，标记焦点时背景成分也可以不出现；在语义上，“只”可以表示唯一限定，也可以表示量级限定。下面分别探讨。

① 詹开第．口语里两种表示动相的格式［C］//中国社会科学院语言研究所现代汉语研究室．句型和动词．北京：语文出版社，1987.

(一) 句法特征

(a) 你说自盘古到今，[只有我中国] 代代相承，可有个神仙在那个国中代代厮守么？(《西洋记》第68回)

(b) 你们别笑话我。我 [只有一句粗话]，下剩的我就不知道了。(《红楼梦》第50回)

“只”可以用在句首，也可以用在句中，标示其后成分作为焦点。

(c) 两个晚夕，夫妻同欢，不可细述。在家 [只住了十个日子]，到十一月初旬时分，守备收拾起身。(《金瓶梅》第98回)

(d) 晁思才这两个歪人再不料晁夫人只在庄上 [住了“一七”] 便进城来。(《醒世姻缘传》第20回)

(e) 你今日 [只杀得我一个]，我那四十八个岂肯与你甘休！(《西洋记》第54回)

(f) 这事不要你费一个钱，你只明日 [拿一个帖子] 同姓王的拜一拜。(《儒林外史》第25回)

在例 (c) 和例 (e) 中，“只”紧邻焦点短语；例 (d) 和例 (f) 中，“只”与焦点短语之间被其他成分隔开。“只”作为一个副词，通常出现在主语和谓语之间；但是焦点短语要求邻接约束其的焦点算子，因此“只”常常呈现出浮动性，可以出现在句中不同位置，邻接其所标记的焦点短语。

(二) 语义解释

在前文中，我们探讨了“只（是）＋V”中“只（是）”的语义解释。而在关联事件或体词性成分时，“只”作为限定性副词，通常被认为是一个对候选项表示排他的算子，即唯一限定。事实上，“只”在表示限定时，不仅可以表示唯一限定，而且可以表示量级限定。

1. “只”表示唯一限定

(a) 你每有皮袄的，都打发与他。俺娘没皮袄，只我不动身。(《金瓶梅》第46回)

(b) 他一生一世没有别的嗜好，只喜欢构造园亭。(《十二楼·三与楼》)

所谓唯一限定，即“只”肯定X作为焦点，对X以外的候选项进行无差别排除。此时，“只”的用法与助动词“是”标记焦点时相似。

2. “只”表示量级限定

（1）主观小量。

（a）也不教你吃多，只吃三瓯子，饶了你罢。（《金瓶梅》第33回）

（b）欲加厚酬，先生又分付只须二万。（《二刻拍案惊奇》第33回）

（c）若不是贫僧之时，只好过得两个关，我这第三个关上，却有些难处。（《西洋记》第76回）

（d）男子汉的脚膝头，只好跪上两次，若跪到第三次，就不值钱如了。（《十二楼·拂云楼》）

（e）只有凤姐儿和李纨房中粗使的大丫鬟出去了，其余年纪未足。令他们外头自娶去了。（《红楼梦》第70回）

（f）那知到了贾母上房，静悄悄的，只有两三个老妈妈和几个做粗活的丫头在那里看屋子呢。（《红楼梦》第97回）

量级限定的第一种情况为表示主观小量，存在三种情况。例（a）和例（b）中，“只+X（，就+Y）”，表示“完成某一目的/事件，最多需要X，对高于/大于X的选项表示排他”。例（c）和例（d）中，“只+$X_{终点}$”，X作为有序集合的终点，根据推理，该终点前的任一点都应视作已完成，即“肯定X及低于X的候选项，对高于X的候选项表示排他”。例（e）和例（f）中，“只+X，X=$a_1+a_2+\cdots a_n$”，X是一个可以拆分成多个个体“a_1、$a_2\cdots a_n$”的集合，根据推理，该集合中的任一成分都应该可以满足句子命题所表示的语用尺度，即肯定X整体及X内部成员。

（2）主观大量。

（a）那见得只是进士才做得事？（《初刻拍案惊奇》第29回）

（b）也不只放翁才用，古人中用者太多。（《红楼梦》第76回）

量级限定的第二种情况是表示主观大量，句式为“只+X+才+Y”，表示“低于X不能完成某一目的/事件”。

在“只+X+就+Y”中，“只”标记X作为主观小量；在“只+X+才+Y”

中，“只”标记X作为主观大量，这实际上与“就”和“才”的语义相关。我们将在第四章探讨“就”与“才”。

四、“只”的来源

关于“只”作为限定副词的来源，太田辰夫认为，是“古代汉语的‘止’和‘衹’写成了‘只’”[①]，六朝时期出现“只VP”结构，表示限定范围，唐代始有“只NP”结构，“只”发展出表示限定数量与限定程度的用法。

(a) 不爱独枝莲，只惜同心藕。(南朝宋《读曲歌》)

(b) 千门万户喧歌吹，富贵人间只此声。(唐司空图《杨柳枝寿杯词十八首》)

(c) 长安只千里，何事信音稀。(唐岑参《杨固店》)

(d) 大小独当三百阵，纵横只用五千兵。(唐王建《赠田将军》)

(e) 甲子西南异，冬来只薄寒。(唐杜甫《重简王明府》)

(f) 只应微俸禄，聊补旧饥寒。(唐齐己《送崔判官赴归倅》)

五、小结

本节探讨了明清汉语中的焦点结构“只”。

从共时的层面来看，明清汉语中的“只”主要用于两类环境：一类是对谓语事件或者是行为动作的语义角色进行限定，包含限定范围、限定数量和限定程度；另一类是对行为动作本身进行关联，包含表示持续状态和瞬时状态。“只”作为焦点结构，在句法上与“是”基本一致，具有浮动性，可以不与背景成分共现，可以紧邻其后成分，也可能被默认成分隔开。在语义上，“只”可以表示唯一限定与量级限定。

从历时的层面来看，焦点结构“只”在六朝开始出现，在结构上由“只VP”发展到“只NP”，但其关联的焦点却是由体词性成分扩展到行为动作本身。

---

① 太田辰夫．中国语历史文法［M］．蒋绍愚，徐昌华，译．北京：北京大学出版社，1987：261.

第三章
后置型焦点结构

后置型焦点结构，即用在焦点成分后标记其作为焦点。明清汉语中，这类焦点结构主要用在句末标记其前谓词性成分。本章主要探讨三类结构：第一类是形容词“是”位于句末，衍生出的包含“VP 的是”的结构；第二类是系词“是”位于句末，衍生出的包含“VP 便是”的结构；第三类是“V/Adj 了”结构用于句末，衍生出的包含“VP 罢了”的结构。这三类结构都是在近代汉语中产生的，可以表示说话人的道义立场。

第一节　句末“的是”标记焦点

句末“的是”所在结构为“VP 的是”，在这类结构中，“的是”成分羡余。江蓝生将元代以后的“VP 的是”语义表述为利害权衡、劝导取舍、比较优劣[①]。我们认为，句末“的是”可以标记其前谓语成分作为焦点，是一个后置型焦点结构。

---

① 江蓝生．“VP 的好”句式的两个来源——兼谈结构的语法化［J］．中国语文，2005（5）．

一、“VP 的是”的使用情况

明清汉语中，“VP 的是”分别可以用在四种语境中：一是表示说话人的判断，“的”前常用光杆动词，如“说的是”；二是用在疑问句中，当用在特指问句尾时，“……的是”在语义上羡余；三是用于道义立场，表示对自身或对他人的建议；四是用于认识立场，表示说话人对信息的确信度及其认识状态，即事物情理如此。下面分别讨论。

（一）“……的是”用于判断

“是”作为形容词，可以用在“V 得”后作为补语，这类结构大量见于《朱子语类》中。“是”还可以用在“V 的”后面，此时“V 的是”看上去与“V 得是”相似。

（a）国王闻言，回惊作喜道：“圣僧说的是，朕这里不选人材，只要获贼得宝归塔为上。”（《西游记》第 62 回）

（b）知县道：“姚利仁讲得是。叫富尔谷，他两人是个同窗。这死也是失手误伤，坐不得死罪。”（《型世言》第 13 回）

二者虽然语义相似，但是“V 得是”与“V 的是”并不是相同的结构。在“V 得是”中，形容词“是”作为动词 V 的情态补语；而在“V 的是”中，“的”作为自指助词，形容词“是”作为整个句子的谓语，对现实存在的人（此时为“N 的是”）或事的是非对错表示判断，如下面的例句：

（c）我为买这官人的珠翠，约他来议价，实是我的不是。（《二刻拍案惊奇》第 14 回）

（d）那举子惊得浑身汗出满面通红，连声道：“都是娘子的是。”（《初刻拍案惊奇》第 3 回）

（e）奶奶说的可是哩。（《醒世姻缘传》第 55 回）

（f）紫云妹妹猜的不是，只怕是“克告于君”罢？（《镜花缘》第 64 回）

除了光杆动词，“……的是”也可以用在 VP 之后表示判断，但该类句式用例较少，我们在元代语料中发现了下面的例子：

（g）（包待制云）兀那婆子，这第三的小厮偿命，可中么？（正旦云）是了。可不道“三人同行小的苦”。他偿命的是。（《包待制三堪蝴蝶梦·二折白》）

(二)“……的是”用于疑问句

“……的是”用于疑问句，主要出现在三类疑问句中，分别是是非问、选择问以及特指问。下面分别讨论。

1. 是非问

(a) 我说的是呀不是，你姑夫再想！(《醒世姻缘传》第 83 回)

(b) 妹子猜的可是？(《镜花缘》第 63 回)

是非句中的“是”与表示判断的“……的是”一致，作为句子的谓语。

2. 选择问

(a) 还是说爷讲的是，娘讲的是？(《十二楼·夺锦楼》)

(b) 还是丢货的是，丢人的是？(《十二楼·萃雅楼》)

当询问事件时，选择问句存在两类情况。一类如例 (a)，“……的是”前的谓语成分相同，此时言者询问孰是孰非，表示判断是非；另一类如例 (b)，“……的是”前的谓语成分不同，此时表示的是比较优劣，言者问的是应该如何做，增加了表示情态的成分，与道义立场的用法是一致的。

3. 特指问

(a) 这等月黑，四顶轿子只点着一个灯笼，顾那些儿的是？(《金瓶梅》第 35 回)

(b) 却不知我是假批子，教我央谁的是？(《二刻拍案惊奇》第 3 回)

在特指问句中，“……的是”在语义上羡余。但是特指问句中的“……的是”与前两类问句中的“……的是”并非同一来源。

特指问句中，由于存在疑问代词，这与表示自指的“的”的功能发生冲突。江蓝生论证了特指问句“VP 的是”与其他的“VP 的是”具有不同的来源，是来源于“VP 呵，是”紧缩而成的“VP 呵是”①，她举出了下面的例子：

(c) 二两半钞，与恁多少呵是？由你，但与的是。(古本《老乞大》)

---

① 江蓝生.“VP 的好”句式的两个来源——兼谈结构的语法化 [J]. 中国语文，2005 (5).

(d) 一百个钱，与你多少的是？随你与的是。(《老乞大谚解》)

(e) 不争你这般胡索价钱，怎生还呵是？(古本《老乞大》)

(f) 不要你这般胡讨价钱，怎生还你的是？(《老乞大谚解》)

江蓝生同样指出，用于特指疑问句的“VP 的是”与其他“VP 的是”最终殊途同归，合为一式。因此在这里我们没有将特指问句中的“……的是”与其他“……的是”做具体切分。

(三)“……的是”用于道义立场[①]

(a) 我前日该听他们劝，置些货物来的是。(《初刻拍案惊奇》第1回)

(b) 我竟去的是。(《红楼梦》第73回)

(c) 依我去的是。(《型世言》第9回)

(d) 可见大义难逃，还是死节的是。(《十二楼·奉先楼》)

这一类“……的是”主要用在两种情况。一种用于自身，表示自己对自己的建议；另一种用于他人，表示对他人的劝诫。因此“……的是”传达的是说话人的道义立场，因某种原因建议自己或他人执行所述行为。

江蓝生将上面例句的情况分为两类，前面两个例句表示陈述经斟酌、比较后的取舍意见或决断，后面两个例句表示劝诱或劝诫的祈使。后者源于前者句义的引申，即陈述对是非的判断、优劣的比较、利害的权衡等中都隐含着“应当 VP”的含义，前者具有客观性，后者作为判断标准的主观性强。[②]

我们将这两类归为一类，因为相比表示判断的“……的是”，这里的“……的是”句属于非现实范畴，即事件尚未发生，陈述的是说话人面临某种情况的主张，这个主张可以是对己，也可以是对人，甚至是他人对己，如下面的例句：

(e) 师父说休呵便在我，不休呵不在我。罢罢罢，我知道了也，师父则是教我休了的是。(《元曲选·任风子》)

---

① 本书指涉的道义立场命题，既包含说话者希望在未来发生的事件，也包含说话者希望发生却没有发生的事件。

② 江蓝生.“VP 的好”句式的两个来源——兼谈结构的语法化[J]. 中国语文，2005(5).

（四）“……的是”用于认识立场

“……的是”还可以表示说话人对信息的确认度及认识状态，即表示认识立场，如下面的例句：

（a）潘公道：“现有人见他过渡的。若是投河而死，须有尸首踪影，明白是他家藏了赖人。”知县道：“说得是。不见了人十多日，若是死了，岂无尸首？毕竟藏着的是。”（《初刻拍案惊奇》第2回）

这里的“……的是”表示说话人的认识立场，即知县附和潘公的话，认为姚家女儿确实被藏起来了，即说话人认定事实确实如听话人所言。

在认识立场里，“……的是”标记的是事件，而在其他三类用法中，“……的是”标记的是行为。用于行为，“……的是”表示的是判断是非、比较优劣或劝导取舍；而用于事件，“……的是”表达的是说话人对某一事件的确定性或可能性的认知，即认定某一事件是否存在。当表示判断时，“是”可以被形容词“对/正确”替代，当表示比较优劣或劝导取舍以及用于特指疑问句时，“是”可以被形容词“好”替代；而当表示认识立场时，“是”不能被任何形容词替代。

显然，在表示认识立场的“……的是”中，“是”已经脱离了形容词的实义，而演变为完全的立场标记语，表示说话人的认识立场。整个句式呈现出前重后轻的结构，“的是”可以标记其前成分作为焦点。

但是用于认识立场的“……的是”用例非常少，我们只在清宣统年间成书的《续济公传》中发现了如下用例：

（b）杨将军听到此处，便和颜悦色的说道：“这样说来，那祝三妹可算先还是你褚将军的婆子，硬被那周信小畜生夺了去的是了？”褚彪道：“将军明见，一些不错。”（《续济公传》第194回）

二、“……的是”标记焦点的特性

由于表示认识立场的“……的是”用例罕见，因此我们主要探讨用于道义立场的“VP的是”。在这类结构中，“……的是”在语义上羡余，可以看作一个标记其前成分作为焦点的焦点结构。

根据我们的考察，表示道义立场的“VP的是”主要存在以下三种句式。

（一）“VP”前无副词、助动词

（a）伯爵道：“你两个财主的都去了，丢下俺们怎的！花二哥你再

坐回去。”西门庆道：“他家无人，俺两个一搭里去的是，省和他嫂子疑心。”（《金瓶梅》第 1 回）

(b) 孙仁道：“如今已到了，挽船在城外罢。”阴氏道：“摇到城里去的是。潘老住在城中间，与钱家园相近，近些好干事。”（《风流悟》第 2 回）

“VP 的是”中的 VP 在语境中总是存在一个与之相对的成分，例 (a) 中“俺两个（西门庆与花子虚）一搭里去”，比起“花二哥你再坐回去”，即仅西门庆走，花子虚不走，西门庆与花子虚一起走比较好，因为怕他嫂子疑心；例 (b) 中“摇到城里去”，比起“挽船在城外”，摇到城里去比较好，因为潘老住在城中间。

在这类句式中，位于句末的形容词“是”可以强化句式的劝导义，即比起 A，还是 B 好。

(二)“不如/何如＋VP 的是”

(a) 若等他下了轿，接了进来，又多一番事了。不如决绝回头了的是。（《二刻拍案惊奇》第 18 回）

(b) 妾若回去了，他日生出儿女来，到底是朱家之人，难道又好那里去得不成？把似他日在家守着，何如今日不去的是。（《二刻拍案惊奇》第 32 回）

在“不如/何如＋VP 的是”中，动词“不如/何如”与 VP 具有支配与被支配关系，“是”作为 VP 谓语的性质减弱，有所虚化。同时由于句中存在提示比较的“不如”，“是”的句法功能被进一步削弱。

(三)“道义情态副词/助动词＋VP 的是”

(a) 既如此，那人怎肯放下？定然想杀了，极不也害个风癫，可不是我们的阴骘？还须今夜再走一遭的是。（《二刻拍案惊奇》第 9 回）

(b) 母亲，富家在此读书，极其鄙吝，怎助这许多，宁可清贫，母亲只该还他的是。（《型世言》第 13 回）

(c) 虽然如此，他的恩德毕竟不曾报得，反住他家打搅多时，又加添礼物送来，难道便是这样罢了？还是改日再送去的是。（《二刻拍案惊奇》第 15 回）

(d) 若不住手，必遭大害。金子是小事，拼得再做几个富户不着，便好补填了。不要追究的是。(《二刻拍案惊奇》第 38 回)

在“道义情态副词/助动词+VP 的是”中，前面的道义情态副词/助动词可能是表示应该义的“还须”，如例 (a)；“只该”，如例 (b)；引出某种建议或主张[①]的“还是”，如例 (c)；表示禁止的“不要”，如例 (d)。

这类句式中，因为存在表示道义情态的副词/助动词，整个句子在语义和句法上都是自足的，这时候位于句末的“的是”比起前两类，显得更为多余，虚化程度加深。

可以看到，在表示道义立场的“VP 的是”结构中，“的是”的作用就是用在句末对其前的谓语成分 VP 进行强调，句子暗含取舍义。

三、“……的是”的来源

“是”作为形容词，义为“对、正确”，即“符合事实、道理或某种公认的标准”。江蓝生探讨了“VP 底是”的语法化，指出“VP 底是”由独立成句到作为句子成分，语义功能由判断是非扩大到比较优劣，同时句法地位的降级引起结构语义重心的前移，引起位于句尾的成分“是”的虚化。“是”不是语义重心，又因为是单音节，所以很难占据一个音步的位置，这促使它前附于“底”，跟“底”构成一个跨层音步[②]。

“VP 的是”源于对“VP 底是”的替换，后者最早见于《祖堂集》中的选择问[③]，自宋代开始用于道义立场，在元代出现“VP 的是”，“VP 的是”在明代大量存在，如下面的例句：

(a) 悟底是，不悟底是？(《祖堂集》卷 11)

(b) 毕竟还仗义死节底是。(《朱子语类》卷 20)

(c) 与的是，不与的是？(杂剧《任风子》)

---

① 邵洪亮指出，副词“还是”的元语用法是：引出某种说法、想法、建议或主张，而引出的这种说法、建议或主张是说话人或当事人经过比较、考虑的。(邵洪亮．副词“还是”的元语用法 [J]. 语言教学与研究，2013 (4).)

② 江蓝生．“VP 的好”句式的两个来源——兼谈结构的语法化 [J]. 中国语文，2005 (5).

③ 刘敏芝．近代汉语中表自指的结构助词“的” [M] //北京大学汉语语言学研究中心《语言学论丛》编委会．语言学论丛 (第 29 辑)．北京：商务印书馆，2004：226-238.

(d) 沈实年年来看望，你是不睬他，依我还去见他的是。(《型世言》第 15 回)

我们认定“……的是”虚化的证据就是，“是”不能被副词修饰，句子的否定标记加在 VP 而非句末“是”上，“是”已经不被认定为句子的谓语，如下面的例句：

(e) 据我说，你竟是去的是。才念的好些儿了，又想歇着。(《红楼梦》第 92 回)

(f) 宝玉想亦当出去候送才是，无奈不忍悲感，还是不去的是，遂又垂头丧气的回来。(《红楼梦》第 78 回)

但是在这类结构中，“……的是”并没有完全演变为一个句末语气词成分，因为这类句式中的“是”可以被形容词“好”替代，因此很难说这里的“……的是”已经彻底虚化。

在清代，这类格式已逐渐被“VP 的好”代替，并且“VP 的好”发展出可以表示评价的用法，“VP 的是”在现代汉语中不存在。

(g) 若还是个秀才，终身没有什么出息，只是另嫁的好。(《十二楼·拂云楼》)

(h) 你倒大方的好。(《红楼梦》第 62 回)

表 3-1 中是部分明清语料中“……的是”与“……的好”的数目统计。

表 3-1 部分明清语料中“的是”与“的好”的数目统计

作品	“……的是”的数目①	“……的好”的数目
《三遂平妖传》	0	0
《金瓶梅》	7	0
《西游记》	0	1
《西洋记》	1	1
《初刻拍案惊奇》	4	2
《二刻拍案惊奇》	7	3
《型世言》	4	1

① 这里的“的是”指用于选择问、特指问和道义立场以及认识立场的“的是”，即在句子结构上羡余，可以省略；“的好”也是如此（多了一类表示评价）。

续表

作品	“……的是”的数目	“……的好”的数目
《十二楼》	4	11
《醒世姻缘传》	0	0
《儒林外史》	0	2
《红楼梦》	7	14
《镜花缘》	0	0
《儿女英雄传》	0	1
《跻春台》	0	6

四、小结

本节探讨了明清汉语中的“VP的是”结构中的“……的是”作为后置型焦点结构的用法。

从共时的层面上来说，明清汉语中的“……的是”结构主要用于四类环境：表示判断，用于疑问句，用于道义立场，以及用于认识立场。在特指疑问句，用于道义立场和认识立场中，“……的是”功能羡余，可以将其看作一个标记其前谓语成分作为焦点的焦点结构。

从历时的层面上来说，明清汉语中的“……的是”源于对近代汉语中的“……底是”的替换，“是”的语义逐渐虚化，并且在用于认识立场时彻底虚化。但最终，“……的是”被“……的好”取代。

第二节　句末“便是”标记焦点

句末“便是”所在结构为“VP便是”，在这类结构中，“便是”作为（准）语气助词，表示判断/肯定/无须怀疑的语气。刘顺、潘文指出，“便是（了）”具有限止的语用意义，这种语用意义只认定命题表示的内容而不考虑其他①。我们认为，句末“便是”可以标记其前谓语成分作为焦点，是一个后置型焦点结构。

① 刘顺，潘文．“便是（了）”的词汇化与语法化——兼论语气词“就是（了）”的形成［J］．语言科学，2014（1）．

一、"VP 便是"的使用情况

明清汉语中，"VP 便是"可以用在两种语境中：其一，用于判断句，"便"作为副词修饰系词"是"；其二，用于道义立场，表示对自身或对他人的建议以及言者对对方的承诺和确保。下面分别探讨。

（一）用于判断句的"便是"

元明时期，出现了大量"NP 便是"结构，用于介绍人物出场或说明事物存在。这类结构除了典型的"NP 便是"外，还存在"（便）是 NP 便是"结构，即"便是"位于句中存在系词的判断句句末，如下面的例句：

(a) 看官听说：这人你道是谁？却原来正是那嘲风弄月的班头，拾翠寻香的元帅，开生药铺，复姓西门，但讳一个庆字的西门大官人便是。（《金瓶梅》第 2 回）

(b) 小神是保护洪武爷御驾的便是。（《西洋记》第 10 回）

黄斌认为，此类结构属于"N 是 NP"与"NP 是 N"的杂糅现象，并最终导致了"便是"处在句末[①]；雷冬平则认为，这类句式是"N 是"与"是 NP"在演化为典型判断句"N 是 NP"的过程中出现的违背语言经济原则的现象[②]。

（二）用于道义立场的"便是"

(a) 要打只打我，与它们无干，但只不放我便是。（《西游记》第 97 回）

(b) 爷爷，不要夹得。如今首饰银两，还藏在寺中箱里，只问师父便是。（《二刻拍案惊奇》第 21 回）

(c) 所欠钱物，老夫自当赔偿。众弟兄各自请回，明日到家下拜纳便是。（《初刻拍案惊奇》第 13 回）

(d) 不须烦恼，你公主现在给孤布金寺里装风。今且各散，到天明我还你个真公主便是。（《西游记》第 95 回）

用于道义立场的"便是"，当 VP 主语是言者自身时，表示道义承诺，如例

---

① 黄斌．元明口语中的"判断句＋'（的）便是'"结构［J］．古汉语研究，2001（1）．

② 雷冬平．语气助词"便是"的语法化及相关结构研究［J］．语言教学与研究，2007（2）．

(c) 和例 (d)；不是言者自身时，表示道义必要，如例 (a) 和例 (b)，表示言者主观建议对方执行所述行为。

与“VP的是”不同，“VP便是”主语为言者自身时，比起表示对于自身的建议或陈述经斟酌比较后的取舍意见、决断，更多的表示言者对对方的承诺。究其原因，“VP的是”源于形容词“是”，含有比较义，即VP表述的自身行为常常和听话者意愿相悖；而“VP便是”源于系词“是”，表示确认义，即VP表述的自身行为符合听话者意愿。

二、“……便是”标记焦点的特性

“VP便是”用于道义立场，在语义上羡余，可以看作一个标记其前成分作为焦点的结构，句子中暗含取舍义。

“便是”后面还可以出现语气词“了”。

(a) 且等这番果然召得爹爹来，以后却教你相见便是。(《初刻拍案惊奇》第17回)

(b) 咱们都别动，只叫他去便是了。(《红楼梦》第24回)

总体上而言，“便是”的使用频率要比“便是了”高。

表3-2中是部分明清语料中“便是”与“便是了”的数目统计。

表3-2 部分明清语料中“便是”与“便是了”的数目统计

作品	“便是”[①] 的数目	“便是了”的数目
《三遂平妖传》	0	0
《金瓶梅》	1	1
《西游记》	11	0
《西洋记》	5	0
《初刻拍案惊奇》	23	0
《二刻拍案惊奇》	22	2
《型世言》	10	1
《十二楼》	0	0

① 这里的“便是”指的是用在句中表示道义立场与承诺行为的“便是”，后面的“就是”也是如此（多了一类表示评价的用法）。

续表

作品	"便是"的数目	"便是了"的数目
《醒世姻缘传》	11	0
《儒林外史》	2	0
《红楼梦》	0	3

三、"……便是"的来源

关于"……便是"来源的争议在于，究竟是"VP 便是"对"NP 便是"的直接替代①，还是系词"是"经过演化作为主谓结构的谓语②。但无论哪种观点，都认同"VP 便是"是"便是"产生语法化的环境。判断词"是"的语义不断淡化，功能羡余，句法地位的降级引起结构语义重心的前移，引起位于句尾成分"便是"失去句法成分之间的界限而词汇化，并虚化为一个语气词。雷冬平认为，语气词"便是"最早出现在宋代③；刘顺、潘文则认为，语气词"便是"最早出现在元末明初④。

"VP 便是"格式最早出现在近代汉语之中，如下面的例句：

(a)"如何是失却端正?"师云："只是失却少父便是。"(《祖堂集》卷 8)

在宋代，"便是"后可以加"了"，如下面的例句：

(b) 只且据眼前这近处行便是了。(《朱子语类》卷 18)

在元代汉语中，"VP"出现了明确的主语，被分析为一个单小句，如下面的例句：

---

① 王建军．粘合·移位·虚化·替换——语气词"便是（了）"到"就是"的演化历程［J］．古汉语研究，2006（4）；雷冬平．语气助词"便是"的语法化及相关结构研究［J］．语言教学与研究，2007（2）；刘顺，潘文．"便是（了）"的词汇化与语法化——兼论语气词"就是（了）"的形成［J］．语言科学，2014（1）．

② 李宗江．近代汉语完成动词向句末虚成分的演变［C］//中国社会科学院研究所．历史语言学研究（第一辑）．北京：商务印书馆，2008：151-153．

③ 雷冬平．语气助词"便是"的语法化及相关结构研究［J］．语言教学与研究，2007（2）．

④ 刘顺，潘文．"便是（了）"的词汇化与语法化——兼论语气词"就是（了）"的形成［J］．语言科学，2014（1）．

(c) 俺再做些个便是。(古本《老乞大》)

(d) 不过是个回马枪、回马箭，在意提防他便是。(《西洋记》第23回)

这类结构在元明汉语中非常活跃，但正如表3-2所显示的，这类结构在清代汉语中逐渐消亡，清乾隆之前的语料中尚有用例，乾隆之后的语料中不见用例。

(e) 回家按例写了文约过来便是了。(《红楼梦》第24回)

四、“……便是”被“……就是”替代

上文提到，“便是”不见于乾隆以后的语料，这源于“……就是”对“……便是”的替代，孙锡信[①]、王建军[②]、李宗江[③]都认为存在“就是”替换“便是”这么一个过程。

表3-3中是部分明清语料中“便是（了）”与“就是（了）”的数目统计。

表3-3 部分明清语料中“便是（了）”与“就是（了）”的数目统计

作品	“便是（了）”的数目	“就是（了）”的数目
《三遂平妖传》	0	0
《金瓶梅》	2	68
《西游记》	11	8
《西洋记》	5	93
《初刻拍案惊奇》	23	18
《二刻拍案惊奇》	24	39
《型世言》	11	7
《十二楼》	0	39
《醒世姻缘传》	11	46
《儒林外史》	2	20

① 孙锡信．近代汉语语气词［M］．上海：语文出版社，1999：192

② 王建军．粘合·移位·虚化·替换——语气词“便是（了）”到“就是”的演化历程［J］．古汉语研究，2006（4）．

③ 李宗江．近代汉语完成动词向句末虚成分的演变［C］//中国社会科学院研究所．历史语言学研究（第一辑）．北京：商务印书馆，2008：151-153．

续表

作品	“便是（了）”的数目	“就是（了）”的数目
《红楼梦》	3	165
《镜花缘》	0	5
《儿女英雄传》	0	22
《跻春台》	0	29

但是比起“VP 便是”，“VP 就是”多了一种用法，即表示评价立场，如下面的例句：

（a）祖师道：“你从那里来，便从那里去就是了。”（《西游记》第2回）

（b）两边的皂隶就要拿他下去。柳青忙说道：“我实说就是，别要夹我罢！”（《醒世姻缘传》第12回）

（c）怪货，只顾端详甚么？奴的身上黑，不似李瓶儿的身上白就是了。（《金瓶梅》第29回）

例（a）表示道义必要，例（b）用于道义承诺，例（c）则表示评价立场，表示言者主观肯定自己身上没有李瓶儿身上白。这类用法不见于“VP 便是”。

五、小结

本节探讨了明清汉语中的“VP 便是”结构中“……便是”作为后置型焦点结构，用于道义立场中，标记其前谓语成分 VP 作为焦点。

从共时的层面来看，明清汉语中的“……便是”主要用于两种环境，分别是判断句、道义立场。其中，在道义立场中，“便是”可以作为句末语气词，标记其前谓语成分作为句子的焦点。语气词“便是”后可以出现语气词“了”，但总体而言，“便是”的使用频率更高。

从历时的层面来看，明清汉语中的“……便是”源于系词“是”经过演化作为主谓结构的谓语，随着“VP 便是”中“VP”的复杂化，“便是”逐渐虚化为一个句末语气成分。这类结构在清代汉语中逐渐被“就是”替代。

第三节　句末“罢了”标记焦点

“罢了”在现代汉语中作为一个句末语助词，《现代汉语八百词》归结其意义为“把事情往小里说”。在“VP 罢了”结构中，“罢了”作为语助词，可以标记其前成分作为句子的焦点，我们认为句末“VP 罢了”是一个后置型焦点结构。

一、“VP 罢了”的使用情况

“VP+罢了”在明清汉语中主要存在四种使用情况：其一，“罢了”作为补语表示行为完成，“罢了”前多为动词光杆形式；其二，“VP 罢了”用于道义情态，包含道义必要与道义承诺；其三，“VP 罢了”用于认识情态，包含单纯表示说话者自身的认知，以及说话者对听话者认知的纠正；其四，“VP 罢了”作为反预期结构的前景句，与反预期结构所在的命题构成对比，即 VP 表述的事件是可以接受的，而其后小句所表述的事件是反预期或言者主观认为不合理的。

（一）表示行为完成

(a) 如霞道：“待禀过了夫人，晚上伺候消息。”说罢了，溜下树来。(《二刻拍案惊奇》第 34 回)

这样的用例较为少见，我们在其他语料中发现了一些用例，如下面的例句：

(b) 玉郎起身携着灯儿，走到床边，揭起帐子照看，只见慧娘卷着被儿，睡在里床，见玉郎将灯来照。笑嘻嘻的道：“嫂嫂，睡罢了，照怎的?”(《醒世恒言》卷 8)

(c) 此时德泉叫人买了水果来醒酒，等他画好了，大家吃西瓜，旁边还堆着些石榴莲藕。吃罢了，雪渔取过一把团扇，画了鸡蛋大的一个美人脸，就放下了。(《二十年目睹之怪现状》第 28 回)

“V 罢了”义同“V 完了”，“罢了”作为 V 的补语。

（二）用于道义情态

用于道义情态存在两种情况：一是表示道义必要，二是表示道义承诺。

1. 道义必要

(a) 你们可有甚么披挂，送他一副，打发出门去罢了。(《西游记》第 3 回)

(b) 怪奴才，快出去罢了，休鬼混！(《金瓶梅》第 52 回)

(c) 吾本等好意，却叫得引鬼上门，我而今不便追究，只不理他罢了。(《初刻拍案惊奇》第 22 回)

(d) 他向日挪我的五十两银子，得便叫他算还给我。我在此还有些时耽搁，竟等他回来罢了。(《儒林外史》第 52 回)

用于道义必要，表示依据某种缘由，言者主观建议自身或对方执行所述行为。

2. 道义承诺

用于道义承诺时，VP 的主语是言者自身，而在道义必要中，也存在 VP 的主语是言者自身的情况。二者的差别在于，当 VP 表述的行为符合说话者主观意愿时，“VP 罢了”表示道义必要；当 VP 表述的行为符合听话者主观意愿时，“VP 罢了”表示道义承诺，如下面的例句：

(a) 说完，叫家人持杖赶逐。仇妈妈只是在一旁叫骂。老道笑嘻嘻，且走且说道：“不必赶逐，我去罢了。只是后来追悔，要求见我，就无门了。”(《初刻拍案惊奇》第 24 回)

(b) 我那见甚么娘子？那日草地上，只见得这个孩子在那里哭，我抱了回家。今既是押司的，我认了悔气，还你罢了，怎的还要赖我甚么娘子？(《二刻拍案惊奇》第 38 回)

需要说明的是，“VP 罢了”表述的道义承诺是说话者基于自身条件做出的承诺，这个承诺可能完全符合听话者主观意愿，如例 (a)，也可能不完全符合，如例 (b)，但是从说话者视角出发，VP 表述的行为是说话者朝满足听话者意愿方向所能够做到的极致。

(三) 用于认识情态

用于认识情态的“VP 罢了”存在两种情况：一种单纯表示说话者的认知，另一种表示说话者对听话者认知的纠正。

1. 单纯表示说话者自身的认知

(a) 不知向时盼望他这些意思，竟归何用！虽然如此，这样人虽是恶薄，也只是没用罢了。(《二刻拍案惊奇》第4回)

(b) 王夫人道："迎丫头一肚子眼泪，说孙姑爷凶横的了不得。"因把迎春的话述了一遍。贾政叹道："我原知不是对头，无奈大老爷已说定了，教我也没法。不过迎丫头受些委屈罢了。"(《红楼梦》第81回)

(c) 王明道："姐夫，我去吃钟茶来。"判官笑笑儿，说道："我这里茶可是好吃的？"王明道："怎么不是好吃的？不过只是要钱罢了。"(《西洋记》第13回)

(d) 为什么不愿意，早就要弄了来的，只是因为太太的话说的结实罢了。(《红楼梦》第101回)

单纯表示说话者自身认知存在两种情况：一种表示事件不过如此，即说明，如例 (a) 和例 (b)；另一种表示事件原因或本质不过如此，如例 (c) 和例 (d)，即解释。

2. 表示对听话者认知的纠正

(a) 我也是取笑的说话，难道我真个舍得你不成？我只是要勾着他罢了。(《初刻拍案惊奇》第32回)

(b) 我昨晚上的话竟说错了，怪道老爷说我是"管窥蠡测"。昨夜说你们的眼泪单葬我，这就错了。我竟不能全得了。从此后只是各人各得眼泪罢了。(《红楼梦》第36回)

(c) 西门庆道："我便罢了，若是个生汉子进来，你也推不知道罢？"妇人道："我不好骂的，谁人七个头八个胆，敢进我这房里来！只许你恁没大没小的罢了。"(《金瓶梅》第29回)

(d) 我们经纪人家，那里还想甚么应考上进！只是念两句诗，破破俗罢了。(《儒林外史》第21回)

表示对听话者认知的纠正存在两种情况：一种是"VP罢了"与说话者所述内容构成对比，如例 (a) 和例 (b)；另一种是"VP罢了"与听话者所述、所想内容构成对比，如例 (c) 和例 (d)。无论哪一种情况，"VP罢了"表述的都是说话者对听话者认知的纠正，前者纠正的是说话者言语行为带给听话者的认知，后者纠正的是听话者自身的认知。

(四) 作为反预期结构的前景信息

(a) 况他两个，我听说多有亲戚朋友，他却不去投奔，却来投奔我们，他毕竟把我们当他一个好倚靠的泰山。我们不能庇护他罢了，反把他往死路里推将出去，这阿弥陀佛，我却下变不得。(《醒世姻缘传》第15回)

(b) 好好的一条河路，你走就走罢了，行凶打怎的？(《儒林外史》第9回)

(c) 前日叫你们吃了一场亏，我不替你们陪礼罢了，你们倒要替我陪起礼来。(《醒世姻缘传》第21回)

(d) 你老人家合我相处，到底比我这伯父、伯母在先，吃紧的地方儿，你老人家不帮我说句话儿罢了，怎的倒拿我在人家跟前送起人情来？这岂不大错？(《儿女英雄传》第25回)

"VP罢了"作为前提条件存在两种情况：一种是作为事实条件，包含现实情况，如例(a)，或已发生事实，如例(b)；另一种是作为假设条件，即VP表述的事件并未发生，如例(c)和例(d)。无论哪种情况，对于说话者来说，VP表述的事件是勉强可以接受的，而其后小句表述的事件则为反预期。

二、"……罢了"标记焦点的特性

当"VP罢了"用于道义情态和认识情态时，"……罢了"在语义上羡余，可以看作一个标记其前成分作为焦点的焦点标记。张俊阁将"罢了"语义归结为"不过如此/仅此而已"的限止和"姑且如此"的决断，显然"罢了"标记的焦点为对比成分①。

当"VP罢了"用作反预期结构的前景信息时，显然并不承载焦点，反预期结构表达说话者主观认为听话者行为不合理或应当予以责备，这个反预期的情态表述才是情态，具体到句子表层结构，就是承载反预期语气的反预期标记。

① 张俊阁．汉语语气词"罢了"源流探究［C］// 北京大学汉语语言学研究中心《语言学论丛》编委会．语言学论丛（第29辑）．北京：商务印书馆，2021：304-326.

明清汉语中还存在与“罢了”类似的语助词，如“算了”，但用例较少，如下面的例句：

（a）叔公虽横恶难容，亦由小侄前冤所致，不如存些厚道，由他算了。（《跻春台·双金钏》）

同时，不少“V/Adj 了”类语助词尚未产生，在明清汉语的语料中，我们尚未见到它们脱离关联词使用，如下面的例句：

（b）我瞧你了不了，这儿现成的水火夫，咱们破俩钱儿雇个人就行了。（《儿女英雄传》第 32 回）

（c）去进点水，把他治死就好了，免得害我女儿。（《跻春台·巧姻缘》）

三、“……罢了”的来源

关于语气词“罢了”的来源，有不同的说法。有说法认为其来源于“罢”＋“了”的组合，“罢”为完结义动词，但人们对“了”的词性存在不同的认识，孙锡信认为“了”同样属于完结义动词①，张俊阁则认为“了”属于完成义助词②。也有说法认为“罢了”源于语气词“罢”，是“罢”的双音节形式或复合形式③。还有说法认为“罢了”源自满语的 dabala 或受到满语影响④。根据对语料的调查，我们发现“罢了”连用出现在南宋，我们倾向于认同张俊阁的看法。

（一）“罢了”连用

（a）头上戴花方饮酒，饮罢了高叉手。琵琶拨尽相思调，更向当筵舞袖。（宋《调笑令·花酒》）

---

① 孙锡信．近代汉语语气词［M］．北京：语文出版社，1999：186-188.

② 张俊阁．汉语语气词“罢了”源流探究［C］// 北京大学汉语语言学研究中心《语言学论丛》编委会．语言学论丛（第 29 辑）．北京：商务印书馆，2021：304-326.

③ 冯春田．近代汉语语法研究［M］．济南：山东教育出版社，2000：519.

④ 爱新觉罗·瀛生．北京土话中的满语［M］．北京：北京燕山出版社，1993：197-198；竹越孝，陈晓．满语助词 dabala 与汉语句末助词“罢了/罢咧”相关关系研究［J］．民族语文，2016（6）.

(b) 天子问天觉："卿不宣而至，有何事奏来?"张天觉山呼舞蹈罢了，当口奏道……(《大宋宣和遗事》)

(c) 百姓被苦来诉国君，因而罢了，也不是；不与他理会，亦不是。(《朱子语类》卷86)

(d) 如浙间除了和买丁钱，重处减些，使一家但纳百十钱，只依而今税赋放教宽，无大故害民处。淳录云："如漳之盐钱罢了。"(《朱子语类》卷86)

杨永龙指出，"罢了"所在的句子表示的是一种终结性情状，"罢"是表示瞬间完成、不可持续的终结性动词，"了"不负载事件的完成或终止，而是突显变化的完成，即"罢"为终结性动词，而"了"为完成义助词[①]。

(二)"VP＋关联词＋罢了"

根据张俊阁的研究，元明时期"VP 罢了"主要存在两种情况：一种是"罢"前添加关联副词"就/便/也/还"等而不改变句子原有的语义表达；另一种是"罢"前不能添加关联副词"就/便/也/还"等。李宗江总结了"X 结构"即"主谓结构＋关联词＋V＋了"的演化，指出"X 结构"是一个话题-说明结构，话题部分是说话者希望或要求发生的动作或事件，说明部分只是对主题的评价或认可，在特定语境下，即使说明部分不出现，也不影响说话者主观意愿的表达，因而话题被前景化而说明部分作为类标记性成分[②]。

(a) 贤王不知天数。殷郊违逆天命，怎能逃脱，大王尽过君臣之礼便罢了。大王又不可逆天行事。(《封神演义》第66回)

(b) 妲己在后听见比干奏此事，暗暗叫苦："妹妹，你回巢穴去便罢了，算甚么命？今遇恶人打死，我必定与你报仇。"(《封神演义》第16回)

(三)"VP＋罢了"

当关联词不出现时，"罢了"产生虚化，如下面的例句：

(a) 此间不容借走，我们移船下去些，别寻好上岸处罢了，何必

① 杨永龙.《朱子语类》完成体研究[M].开封：河南大学出版社，2001：98-181.

② 李宗江.近代汉语完成动词向句末虚成分的演变[C]//中国社会科学院研究所.历史语言学研究(第一辑).北京：商务印书馆，2008：149-163.

动气？（《二刻拍案惊奇》第29回）

(b) 怪狗才，都拿与他吃罢了，又留下做甚么？（《金瓶梅》第52回）

刘志远、刘顺指出，上面两例种的“罢了”小句前隐含着“我认为”这样的意思，即“罢了”不表示客观上事件的结束，而是表示说话人主观上认为事件结束①。

(c) 失去金银还是小事，不如放舍罢了，不可轻易惹他。（《二刻拍案惊奇》第39回）

(d) 生日没到，我这会子已经折受的不受用了。我一个钱饶不出，惊动这些人实在不安，不如大嫂子这一分我替他出了罢了。（《红楼梦》第43回）

(e) 如此两难，何不约他当面一会？看他说话真诚，罚个咒愿，方才凭着姐姐或短或长，成就其事；若不象个老实的，姐姐一下子丢开，再不要缠他罢了。（《二刻拍案惊奇》第9回）

(f) 这里风大，才又吃了螃蟹，老太太还是回房去歇歇罢了。（《红楼梦》第38回）

当VP前出现表示比较的动词，如“不如”，参见例（c）和例（d），表示道义情态的助动词，如例（e）中的“再不要”，以及副词，如例（f）中的“还是”时，整个句子语义和句法完全自足，这时“罢了”更加羡余，虚化程度加深。

上面例句中的“VP罢了”都是用于道义情态，当“VP罢了”用于认识情态时，“罢了”表示说话者认为事件或事件原因不过如此，此时“罢了”演变为完全的立场标记语，表示认识立场，“罢了”标记其前成分作为焦点。

四、小结

本节探讨了明清汉语中的“VP罢了”结构中“……罢了”作为后置型焦点结构，用于道义情态与认识情态中，标记其前谓语成分VP作为焦点。

从共时的层面来看，明清汉语中的“……罢了”主要用于四种环境，分别是表示动作完成、道义情态、认识情态以及反预期结构的前景信息，在后三类情况中，“罢了”作为句末语气词。在道义立场与认识立场中，“罢了”标记其

① 刘志远、刘顺．“罢了”的词汇化及语气意义的形成[J]．语文研究，2012(1)．

前谓语成分作为句子的焦点；在反预期结构的前景信息中，“罢了”不作为焦点结构。

从历时的层面来看，明清汉语中的“……罢了”源于完结义动词“罢”与完成助词“了”的词汇化以及语法化，其语法化的结构为“主谓结构＋关联词＋罢了”，当关联词隐去后，“罢了”逐渐虚化为一个立场标记语。

第四章
连接型焦点结构

连接型焦点结构，即连接焦点和背景的焦点结构，顾名思义，就是指用在焦点和背景之间构建关联关系的成分。本章涉及的连接关系主要包括“就”“才”“连……也/都/还……”这三个。

第一节　“就”作为连接词

一、以往对“就”的研究

“就”作为连接词，用在前后两项之间可以表示时间关系，也可以表示逻辑关系，因为其具有连接前后两项的功能，因此我们称“就”为连接型焦点结构。但实际上，“就”也可以作为前置型焦点结构，标示其后成分作为焦点。在本节中，我们对明清汉语中的“就”的使用情况进行全面的考察，厘清“就”的产生、发展以及其标记焦点的特性。

（一）“就”的语义解释

副词“就”的意义非常复杂，在对于“就”约束焦点的研究中，“就”的语义或被认为具有一致性，或被认为在前指和后指时存在语义差异。

有的研究认为“就”的语义具有一致性。此时，“就”的语义被认为：① 从主观量的角度来看，“就”表示少量或者主观小量，相关值（期待的数量）>参照值（实际数量），持这种观点的学者包括陆丙甫[①]、白梅丽[②]、陈小荷[③]、沈家煊[④]、张谊生[⑤]等；② 从预期的角度来看，“就”表示所述偏离或超出预期，持这种观点的学者包括张旭[⑥]、岳中奇[⑦]、陈立民[⑧]等。

也有研究认为“就”的语义在前指和后指时存在语义差异。此时，“就”的语义被认为：① 前指概括为时间早，具有限制意义（量小），后指概括为时间短，也具有限制意义（量小、排斥其他），持这种观点的学者以王群[⑨]为代表；② 前指概括为相关值>参照值，后指的“就”概括为相关值<参照值，持这种观点的学者以黄交军、谭珊丹[⑩]为代表。

（二）“就”的句法特征

关于“就”标记焦点的句法特征，与“就”的语义解释是一脉相承的，即在承认“就”前指和后指具有语义差异时，“就”被认为既可以前指也可以后指，或者认为既可以左向关联也可以右向关联。有些学者（包含李宇明[⑪]、刘林[⑫]）将“就”的这种特性称为“双向关联”。刘林将“就”的句法归为单向关联（即右向关联）与双向关联，并指出后者倾向于右向关联。

---

① 陆丙甫．副词“就”的义项分合问题［J］．汉语学习，1984（1）．

② 白梅丽．现代汉语中“就”和“才”的语义分析［J］．中国语文，1987（5）．

③ 陈小荷．主观量问题初探——兼谈副词“就”、“才”、“都”［J］．世界汉语教学，1994（4）．

④ 沈家煊．不对称和标记论［M］．南昌：江西教育出版社，1999：168-172．

⑤ 张谊生．现代汉语副词研究［M］．上海：学林出版社，2000：46-74，344．

⑥ 张旭．估价副词“就”和“才”的语用过程分析［J］．天津师范大学学报，1999（2）．

⑦ 岳中奇．“才”、“就”句中“了”的对立分布与体意义的表述［J］．语文研究，2000（3）．

⑧ 陈立民．也说“就”和“才”［J］．当代语言学，2005（1）．

⑨ 王群．现代汉语副词“才”和“就”时间表达的比较研究［J］．现代汉语，2005（3）．

⑩ 黄交军，谭珊丹．现代汉语中“就”和“才”的语义再分析——兼与沈家煊商榷［J］．贵州教育学院学报，2007（1）．

⑪ 李宇明．汉语量范畴研究［M］．武汉：华中师范大学出版社，2000：121-126．

⑫ 刘林．现代汉语焦点标记词研究［D］．上海：复旦大学，2013．

“就”单纯右向关联时，被认为可以构成量级式与非量级式，持这种观点的学者包含蒋静忠、魏红华①，刘林②等。

二、“就”的使用情况

在明清汉语中，“就”的使用情况主要分为四种，分别是表示时间关系、表示限定关系、表示逻辑关系以及表示加强语气。

（一）“就”表示时间关系

“就”表示时间关系存在两种类型：“（S）就VP”与“XP就VP”。下面分别探讨。

1.“（S）就VP”

在“（S）就VP”中，“就”可以表示“马上/即将”，如下面的例句：

（a）这不大哥眼看就到了，我敢扯谎不成？（《醒世姻缘传》第85回）

（b）眼看就要部试，惟恐众女儿在家郁闷。（《镜花缘》第64回）

（c）陈有容见了便起身，只见裘龙道：“我这边也坐一坐，怎就要去?”（《型世言》第23回）

（d）那盛氏在船中不住盼望，道：“张旺，已来半日了，缘何还不到?”张旺笑道：“就到了。”（《型世言》第25回）

句式为“（S）就VP”，表示VP即将出现。这存在两种情况：一种如例（a）和例（b），“就”引入VP表示新出现的情况，VP作为更新成分；另一种如例（c）和例（d），“S+VP”表述的事件是可以为受话人所推知的，“就”用在这里表示言者认为“S+VP”事件出现的时间是马上，副词“就”作为更新成分。

在“（S）就VP”中，“就”也可以表示“已经”，如下面的例句：

（e）不觉就是五更，不觉就已天亮。（《西洋记》第84回）

（f）若慢慢行去，恐令未完，天就晚了。（《镜花缘》第85回）

---

① 蒋静忠，魏红华．焦点敏感算子“才”和“就”后指的语义差异［J］．语言研究，2010（4）．

② 刘林．现代汉语焦点标记词研究［D］．上海：复旦大学，2013．

(g) 贾母道："那里就四更了？"王夫人笑道："实已四更，他们姊妹们熬不过，都去睡了。"(《红楼梦》第74回)

(h) 这就怪了，儿才去四五天，怎么就有五年了？(《跻春台·义虎祠》)

句式为"(S) 就 VP"，VP 被"就"修饰，表示时间长或时间晚。这存在两种情况：一种如例 (e) 和例 (f)，"就"引入新的时间成分 VP，VP 作为更新成分；另一种如例 (g) 和例 (h)，"就"通常与疑问词连用表示反预期，表示言者认为听者所述事件不合理，这个不合理的语气即为句子的焦点，体现在句子表层结构上，即为反预期标记"疑问词+就"作为句子的焦点。

2. "XP 就 VP"

在"XP 就 VP"中，"就"可以关联两项表示时间间隔短，如下面的例句：

(a) 那怪赶至身边，要下毒手，他两个识得方法，回头就走。(《西游记》第55回)

(b) 我要走连你也不必告诉，只回了太太就走。(《红楼梦》第36回)

(c) 只见一般儿朝奉姓汪的，拉着他水口去看甚么新来的表子王大舍，一把拉了就走。(《二刻拍案惊奇》第6回)

句式为"XP 就 VP"，"就"提示前后两项之间时间间隔短，这存在三种情况：第一种如例 (a)，前后两项之间不存在明显的更新成分与语境成分的区分，整体作为更新成分；第二种如例 (b)，前项作为后项的条件，后项作为结果与上文相照应，前项作为更新成分；第三种如例 (c)，前项与上文相照应，后项作为更新成分。

我们可以用"立即/马上"这类立即义副词来对上述三例作出区分。例 (a) 中，立即义副词倾向于出现在主谓之间，即"(他两个) 马上回头就走"，表示"就"连接的前后两项倾向于作为一个整体；在例 (b) 和例 (c) 中，立即义副词倾向于出现在"就"前而非主谓之间，即"只回了太太马上就走""一把拉了马上就走"，表明"就"连接的前后两项倾向于作为两个独立的行为动作，焦点可能落在任一项上。

在"XP 就 VP"中，"就"的前项表示时间早/短，如下面的例句：

(d) "过间壁瞧王奶奶请你爹去了不曾？"迎儿去不多时，说："王奶奶老早就出去了。"(《金瓶梅》第8回)

(e) 他今日就要递。这是犯关节的事，谁人敢捺？(《儒林外史》第13回)

(f) 我倒怪九兄你既这等气不过，何不那日就回来，昨日又怎的在城外耽搁一天呢？(《儿女英雄传》第32回)

句式为“XP就VP”，“就”关联表示时间早的XP，这存在三种情况：第一种如例(d)，VP与上文照应，XP作为更新成分；第二种如例(e)，XP作为实际时间，比受话人预期的时间早，作为更新成分；第三种如例(f)，XP作为言者预期时间，比实际的时间早，作为更新成分。

在“XP就VP”中，“就”的后项表示时间晚/长，如下面的例句：

(g) 天色渐晚。及比设了醮，就有起更天气。(《金瓶梅》第66回)

(h) 倘或处得过激，孩子生性恼出病来，悔就晚了。(《醒世姻缘传》第44回)

句式为“XP就VP”，“就”关联表示时间晚的XP，这存在两种情况：一种如例(g)，VP表示XP发生得晚，VP在整个“XP就VP”中作为更新成分；另一种如例(h)，XP本身就是提示时间晚的“晚了”，作为更新成分。

“就”表示时间关系，存在“(S)就VP”与“XP就VP”两种句式。前者中，VP倾向于作为更新成分；后者中，XP倾向于作为更新成分。

(二)“就”表示限定关系

“就”表示限定关系存在三种类型，分别是限定范围、限定数量以及限定程度。此时“就+XP”中的XP作为对比成分。

1. 限定范围

(a) 就我和你比个手罢，又管甚么三太子不三太子的？”(《西洋记》第65回)

(b) 别人都死绝了，就剩了你不成？(《红楼梦》第52回)

2. 限定数量

(a) 及到了本营，原是十六个子弟兵赶将去，就只有七个子弟兵没伤。(《西洋记》第23回)

(b) 昨日一车之物，原即是宝镜所聚的东西，所以仍归于你。你只坚心好善，就这些也享用不尽了。(《二刻拍案惊奇》第36回)

3. 限定程度

(a) 就只老相了些，模样一些也没改。(《醒世姻缘传》第 51 回)

(b) 教老爷说的，真个的，我们孩子怎么了，就娶个南山里北村里的？(《儿女英雄传》第 27 回)

“就”表示限定存在两种句法环境，分别是“就 VP”与“就 NP”，前者先于后者产生。

(三)“就”表示逻辑关系

“就”表示逻辑关系，即“XP_1 就 XP_2”，存在四种类型：第一种是条件-结果关系，第二种是因果关系，第三种是单纯承接关系，第四种是 XP_1 表示主观小量。下面分别探讨。

1. 条件-结果关系

(a) 及至柳条儿看见烟袋荷包，这一嚷，何小姐道：“放心罢，有了东西就不愁没人了。”(《儿女英雄传》第 35 回)

(b) 翠缕向紫鹃道：“……你明日一早再找，有什么忙的。”媳妇笑道：“有了下落就不必忙了，明儿就和你要罢。”(《红楼梦》第 76 回)

句式为“XP_1 就 XP_2”，表示条件-结果关系，存在两种情况：一种如例 (a)，XP_1 与上文相照应，XP_2 作为更新成分；另一种如例 (b)，XP_2 与上文相照应，XP_1 作为更新成分。

2. 因果关系

(a) 八戒道：“哥哥，我不曾见你受伤，却头疼，何也？”行者哼哼的道：“了不得，了不得！我与他正然打处，他见我破了他的叉势，他就把身子一纵，不知是件什么兵器，着我头上扎了一下，就这般头疼难禁，故此败了阵来。”(《西游记》第 55 回)

(b) 人家原不是混饭吃久惯行医的人。因为冯紫英我们好，他好容易求了他来了。既有这个人，媳妇的病或者就能好了。(《红楼梦》第 10 回)

句式为“XP_1 就 XP_2”，表示因果关系，存在两种情况：一种如例 (a)，

XP_2 是已知结果，与上文相照应，XP_1 作为更新成分；另一种如例（b），在前因的基础上导出后果，推导结果 XP_2 作为更新成分。

3. 单纯承接关系

（a）为人既好相处，又没考不去，这就好。（《醒世姻缘传》第33回）

（b）莺儿道："什么要紧，不过是扇子、香坠、汗巾子。"宝玉道："汗巾子就好。"（《红楼梦》第35回）

（c）童奶奶道："一分银子添不上去。我的性儿你是知道的，我是合你磨牙费嘴的人么？"周嫂儿道："我的奶奶呀！你就这们执古性儿，就真个一口价儿？俺两个的媒钱，奶奶，你可赏俺多少哩？"（《醒世姻缘传》第55回）

句式为"XP_1 就 XP_2"，单纯表承接关系，即"就"连接话题和述题，后项表示对前项的述评，存在三种情况：第一种如例（a），XP_2 作为更新成分；第二种如例（b），XP_1 作为对比成分；第三种如例（c），表示 XP 出现的情况违背说话者预期或说话者主观认为不合理，此时 XP_2 作为对比成分。

4. XP_1 表示主观小量

这里说的 XP_1 表示主观小量，指的是 XP_1 与 XP_2 量不匹配，如下面的例句：

（a）怎么这等一个钵盂，就盛得这许大的水？（《西洋记》第21回）

（b）咱们这园子只算比他们的多一半，加一倍算，一年就有四百银子的利息。（《红楼梦》第56回）

这里，XP_1 与 XP_2 呈现出量的不匹配，"小量就大量"，整个句子呈现出反预期的意义，句子呈现出感叹、惊讶或言者认为该事不合理之意。

当"就"表示逻辑关系时，XP_1 和 XP_2 都可以作为句子的更新成分；当 XP_1 作为语用尺度的最低点时，XP_1 作为句子的对比成分。

（四）"就"表示加强语气

（a）刚才这个回话的小妖，不是小钻风，他就是孙行者。（《西游记》第75回）

（b）沈大脚商议道："……这个说法好么?"沈天孚道："最好！最好！你就这么说去。"（《儒林外史》第26回）

"就"表示加强语气，存在两种类型：一种是表示纠正和反驳，如例（a）；另一种是表示加强肯定，如例（b）。在表示加强语气的"就＋XP"中，XP作为对比成分。

三、"就"标记焦点的特性

表示限定的"就"，属于前置型焦点结构；而表示逻辑关系的"就"，连接XP_1和XP_2，属于典型的连接型焦点结构。

（一）前置型焦点结构"就"

前置型焦点结构"就"的用法与"只"相似，但只能表示唯一限定，即肯定焦点项，对焦点项以外的项表示排他。

（a）就他一个人来了?（《儿女英雄传》第21回）

（b）没有价，就我一个儿，我叫二头。（《儿女英雄传》第15回）

（c）这果子是树上结的，空中过鸟也该有分，老孙就吃他一个，有何大害?（《西游记》第24回）

（d）不怕输得苦，就怕断了赌。（《跻春台·香莲配》）

（二）连接型焦点结构"就"

连接性焦点结构在句法上可以前指，也可以后指，即焦点项可以在"就"前，也可以在"就"后。焦点项在"就"前，则背景项在"就"后；焦点项在"就"后，则背景项在"就"前。

在语义上，"就"可以仅提示焦点或者表示量级限定，在量级限定中，"就"的前项可以作为语用尺度低点或主观小量，或者"就"的后项作为主观大量。

1."就"仅提示焦点

（a）如今报你纳监，往斯文路上引你，你纳了监就可以戴儒巾、着圆领。（《醒世姻缘传》第42回）

（b）昨日听见个朋友讲起，说老师在河工上有个小小的罣误，却

也不知其详。要是吏部认得人，何不托人打听打听，见了原奏，就可知道详细了。（《儿女英雄传》第 3 回）

2. “就”的前项作为语用尺度低点

(a) 他原说不用过阴司，阳世间就能医活，方见手段哩。（《西游记》第 39 回）

(b) 人家不奉父母之命，姐姐就可以硬作主张。（《儿女英雄传》第 26 回）

(c) 真是宝贝，才看见了一会儿就好了。（《红楼梦》第 115 回）

(d) 你我俱系举人，何论贫富？只要仁兄不弃就是。（《跻春台·栖凤山》）

“就”表示逻辑关系，表示“在某种条件下得到某种结果是自然的”，隐含着“不需要更多”这一含义，因此“就”的前项往往可以作为语用尺度低点，表示条件低。

3. “就”的前项作为主观小量

(a) 再没人，只这三四个儿，每人二星银子就够了。（《金瓶梅》第 61 回）

(b) 只见百步之内，就有一座摩诃古刹。（《西洋记》第 2 回）

(c) 现在有半楼货，值得一千六百两，他而今事急了，只要一千两就出脱了。（《儒林外史》第 52 回）

(d) 我得这股财气，后半世全要指他过日，岂是十贯钱就能放的。（《镜花缘》第 13 回）

上面的例句中，“就”的前项含有“不需要更多”之意，自然“就”的前项往往可以表示主观小量。

4. “就”的后项作为主观大量

(a) 那呆子真个食肠大，看他不抬头，一连就吃有十数碗。（《西游记》第 20 回）

(b) 小番们一时水到。小童儿一上手，就吃干了十数个羊皮袋。（《西洋记》第 78 回）

(c) 把我王家的地缝子扫一扫，就够你们过一辈子呢。(《红楼梦》第72回)

(d) 你们所说这些长人，何足为奇！当年我见一人，睡在地下就有十九万三千五百里之高。(《镜花缘》第20回)

上面的例句中，“就”含有“不需要更多”之意，可以表述为“不需要更多就可以达到结果”，表现为前项的主观小量或语用尺度低点；也可以表述为“达到的已经很多了”，表现为后项的主观大量。

四、“就”的来源

(一) 连接型焦点结构“就”的来源

连接型焦点结构“就”，即承接副词“就”，这个“就”通常被认为从动词“就”语法化而来，产生于元代或宋代（参见梅祖麟①、曹广顺②、李宗江③、张谊生④、杨荣祥⑤、孙锡信⑥、张丽丽⑦的研究）。一种观点认为，“就”经历了“动词—介词—副词”的链式发展，如梅祖麟；另一种观点则认为，副词“就”直接来源于动词“就”，其结构来源为“就 VP”。曹广顺认为，当“就”用于表示导致或获得某种结果时，发展为副词；李宗江认为，“就”省略宾语构成“就 VP”时，可作趋近义动词和副词两解；张谊生认为，“就 VP”是从述宾结构转变为状中结构；孙锡信认为，“就 VP”由连动结构发展而来；张丽丽主张承接副词“就”源于省略宾语的连动结构，其后意义经历了多种变化。

---

① 梅祖麟．从语言史看几本元杂剧宾白的写作时期［M］//北京大学中文系《语言学论丛》编委会．语言学论丛（第十三辑）．北京：商务印书馆，1984：111-153.

② 曹广顺．试说“就”和“快”在宋代的使用及有关的断代问题［J］．中国语文，1987(4).

③ 李宗江．“即、便、就”的历时关系［J］．语文研究，1997 (1).

④ 张谊生．现代汉语副词研究［M］．上海：学林出版社，2000：46-74，344.

⑤ 杨荣祥．近代汉语副词研究［M］．北京：商务印书馆，2005：159-161，144-147.

⑥ 孙锡信．“即、便、就”虚化过程中的错项移植［M］//复旦大学汉语言文字学科．语言研究集刊（第二辑）．上海：上海辞书出版社，2005：189-201.

⑦ 张丽丽．试论纵予连词“即”、“便”、“就”的形成［J］．台大文史哲学报，2009(71)；张丽丽．从回指到承接——试论“就”与“即”承接功能的来源［J］．台大文史哲学报，2012 (38).

笔者赞成张丽丽的观点，承接副词“就”起源于带零形回指宾语的连动式，承接功能来自其后宾语的回指性。先秦两汉时期，“就”的宾语可以与其后动词宾语同指，即“就 VP”，也可以不同指，即“就 O VP”。但是自东汉末年开始，“就 VP”也可以用于宾语不同指的情况，“就”的意义开始分化，可用于表示“就地”“就之”“就此情况”等。南宋时期，当“就”后接状态动词而非动作动词时，“就”脱离原本的搭配范围，发展出承接副词的用法。

(a) 又命琬开府，明年就加为大司马。(《三国志·蜀书·蒋琬费祎姜维传·蒋琬》)

(b) 又问：“当就谁可出家?”答言：“如来应供正遍如今在舍卫城。未度者度，未脱者脱。汝可就出家。”(东晋《摩诃僧祇律》)

(c) 而作是念：“我今于此精懃之中，少许用心，尚能获得如是大利，况复懃加役身出力，于将来世，必获无上大利益事。我今当就懃加役力入海采宝。”(吴《撰集百缘经》)

(d) 若心粗，只从事皮肤上绰过，如此行权，便就错了。(《朱子语类》卷 76)[①]

“就”进一步发展为时间副词“就”。学界关于时间副词与承接副词之间的衍生，存在不同的看法：一种观点从语言演变的特性出发，认为存在“空间趋近—时间趋近—事理趋近”这样的发展链条，持这种观点的学者包括李宗江、杨荣祥、孙锡信等；另一种观点认为承接副词“就”继续发展，出现了时间副词，即立即义副词的用法，持这种观点的学者有张丽丽[②]。笔者赞同张丽丽的看法。

立即义副词“就”主要来源于四种承接用法的推动，包括立即性承接关系(“就”所在句与前承句隔开)、前接时间词(如“等到……”“就……”“没多久时间，就……”“在当下，就……”)的用法、广义承接用法和否定后承接用法，如下面的例句：

(e) 出门，拽上了门就走。(《京本通俗小说·错斩崔宁》)

(f) 西门庆分付琴童把马送到对门房子里去，把大门关上。妇人且不敢就题此事，先只说……(《金瓶梅词话》第 47 回)

---

① 上述用例皆是转引自张丽丽的研究(张丽丽．从回指到承接——试论“就”与“即”承接功能的来源［J］．台大文史哲学报，2012(38)．)。

② 张丽丽．“即”、“便”、“就”时间副词功能的形成［J］．Language and Linguistics，2015(2)．

(g) 自是当晚宿了一夜，第二日就不见了。(《西游记》第 81 回)

(h)(正旦云)相公也，你就辞了姑姑，咱便索长兴也。(《关汉卿戏曲集·望江亭中秋切鲙旦》)

(i) 你亏着的改姓，我就要回阿妈的话去也。(《关汉卿戏曲集·邓夫人苦痛哭存孝》)

(j) 却说那姚乙向前看看，分明是妹子。那娼妓却笑容可掬，佯佯地道了个万福。姚乙只得请坐了，不敢就认，问道："姐姐尊姓大名，何处人士?"(《初刻拍案惊奇》第 2 回)

(二) 前置型焦点结构"就"的来源

限制副词或范围副词"就"，与"只"的意义相似。

学界一般认为这个"就"是从承接副词"就"或者介词"就"发展而来，持这种观点的学者包含许娟[①]、周守晋[②]、罗荣华[③]等；另一种观点则认为这个"就"来源于语气副词"就"，持这种观点的学者包含唐小微、李小军[④]等。

我们认为，前置型焦点结构"就"，即限定副词"就"，来源于纵予连词"就"，纵予连词"就"来源于强调副词"就"，南北朝时期已经出现[⑤]，如下面的例句：

(a) 其子弟念父兄之耻，必人自为守，无降心，就能破之，尚不可有也。(《三国志·魏书·荀彧》)

(b) 未闻有其人者，四也。就有其人，王爵不相加，妇姑位不定。(《三国志·魏书·郑浑》)

纵予即"即便 X 也不"，当 X 包含表量成分时，隐含着主观上认为 X 不足。句子很容易由"即便……不"转为"只有……不"，如下面的例句：

---

① 许娟．副词"就"的语法化历程及其语义研究［D］．上海：上海师范大学，2003.

② 周守晋．"主观量"的语义信息特征与"就"、"才"的语义［J］．北京大学学报（哲学社会科学版），2004（3）.

③ 罗荣华．古代汉语主观量表达研究［M］．北京：中国社会科学出版社，2012：104-110.

④ 唐小微，李小军．限定副词来源探析［M］//中国社会科学院语言研究所．历史语言学研究（第十辑）．北京：商务印书馆，2016：159-174.

⑤ 张丽丽．试论纵予连词"即"、"便"、"就"的形成［J］．台大文史哲学报，2009（71）.

(c) 敷赞圣旨，莫若注经，而马、郑诸儒，弘之已精，就有深解，未足立家。(《文心雕龙·序志》)

(d) 老山僧何为者，坐蝗蠹桂玉哉，就有三言，庸可留献，曰能官人。(《全唐文拾遗·有唐新罗国故两朝国师教谥大朗慧和尚白月葆光之塔碑铭》)

(e) 新谷尚未熟，旧谷今已无。就贷一斗许，门外立踟蹰。(唐寒山《诗三百三首·一二六》)

例 (c) 意为"即便有深解，未足立家"，义近"只有深解，未足立家"；例 (d) 意为"即便有三言，哪里能留下呢"，义近"只有三言，哪里能留下呢"；例 (e) 意为"即便买一斗粮食，也要在门外踟蹰"，义近"只买一斗粮食，也要在门外踟蹰"，这里的"就"已经几乎等同于限定副词"就"了。

当这类用法扩展至于单小句时，"就"无法作为纵予连词，而被看作限定副词，如下面的例句：

(f) 别来就十年，君马记騧骊。(唐韩愈《寄崔二十六立之》)

(g) 人当杀身时，何暇更思量我是全性命之理！只为死便是，生便不是，不过就一个是，故伊川说"生不安于死"。(《朱子语类》卷45)

在宋代，"就"不仅可以限量，也可以用来限质，如下面的例句：

(h) 峰曰："更问我一转岂不好?"师曰："就和尚请一转问头。"(《五灯会元》卷7)

(i) 如今学问未识个入路，就他自做、倒不觉。惟既识得个入头，却事事须著理会。(《朱子语类》卷8)

元明时期，纵予连词"就"隐含限定义的情况非常普遍，如下面的例句：

(j) 往年也只是三钱一斤，如今因没有卖的，就五钱一斤家，也没处寻。(《老乞大新释》)

(k) 后来人都晓得了他的性子，就一叶儿也不敢摘动。(《醒世恒言》卷4)

(l) 不消吃茶罢，只求速些过去，就吃水也甜。(《西洋记》第21回)

(m) 莫说是行，就是站也站不住哩！(《西洋记》第19回)

同样地，当这个表限定义的"就"用于单小句时，"就"就演化为限定副词。这里不再赘述。

五、小结

本节探讨了明清汉语中的“就”。

从共时的层面来说，明清汉语中的“就”主要用于四种环境，分别是表示时间关系、表示限定关系、表示逻辑关系以及表示加强肯定。其中，当表示限定关系时，“就”作为前置型焦点结构表示唯一限定；当表示逻辑关系时，“就”作为连接型焦点结构，可以仅仅提示焦点或表示量级限定。

从历时的层面来说，连接型焦点结构来源于表示趋向靠近义的“就”，省略宾语而演化为承接副词；前置型焦点结构来源于纵予连词“就”连接数量结构时的“不足”义。

第二节 “才”作为连接词

一、以往对“才”的研究

“才”作为连接词，用在前后两项之间，可以表示时间关系，也可以表示逻辑关系，因为其具有连接前后两项的功能，因此我们称“才”为连接型焦点结构。在本节中，我们将对明清汉语中“才”的使用情况进行全面的考察，厘清“才”的产生、发展以及其标记焦点的特性。

（一）“才”的语义特征

副词“才”的意义非常复杂，在对于“才”约束焦点的研究中，“才”的语义或被认为具有一致性，或被认为在前指和后指时存在语义差异。

有的研究认为“才”的语义具有一致性。此时，“才”的语义被认为：① 在主观量上作为负向词或表示减值强调，相关值（期待数量）＜参照值（实际数量），持这种观点的学者包括白梅丽[①]等；② 从语用的角度来看，“才”表达说话人的主观感情或带有倾向性的主观评价，持这种观点的学者包括史锡尧[②]、张

---

① 白梅丽．现代汉语中“就”和“才”的语义分析［J］．中国语文，1987（5）．

② 史锡尧．副词“才”的语法组合功能、语义、语用考察［J］．烟台大学学报，1990（2）．

谊生[①]、邵敬敏[②]等；③ 从预期的角度来看，“才”表示未到达预期，持这种观点的学者包括张旭[③]、陈立民[④]、张宝胜[⑤]等；④ 从复句的角度来看，“才”在复句中充当排他性小品词，持这种观点的学者包括张蕾、李宝伦[⑥]等。

也有研究认为“才”的语义在前指和后指时存在语义差异。此时，“才”的语义被认为：① 前指表示主观大量或增量，后指表示主观小量或减量，持这种观点的学者以陈小荷[⑦]、张谊生[⑧]、沈家煊[⑨]、祝东平和刘富华[⑩]为代表；② 前指表示时间晚，含限制意义（量多，排斥其他），后指表示时间短，含限制意义（量小），持这种观点的学者以王群[⑪]为代表；③ 前指在数量、时间、时体方面相关值＜参照值，在情态上则是相关值＞参照值，用于后指时则是相关值＜参照值，持这种观点的学者以黄交军、谭珊丹[⑫]为代表。

（二）“才”的句法特征

关于“才”标记焦点的句法特征，与“才”的语义解释是一脉相承的，即在承认“才”前指和后指具有语义差异时，“才”也就认为既可以前指也可以后指，或者称为既可以左向关联也可以右向关联。而有些学者将“才”的这种特

---

① 张谊生．现代汉语副词“才”与句式的搭配［J］．汉语学习，1996（3）．

② 邵敬敏．从“才”看语义与句法的相互制约关系［J］．汉语学习，1997（3）．

③ 张旭．估价副词“就”和“才”的语用过程分析［J］．天津师范大学学报，1999（2）．

④ 陈立民．也说“就”和“才”［J］．当代语言学，2005（1）．

⑤ 张宝胜．副词“才”的主观性［C］//中国语文杂志社．语法研究和探索（十二）．北京：商务印书馆，2003：429-442．

⑥ 张蕾，李宝伦．副词“才”在复句中的语义及对相关格式的允准［J］．世界汉语教学，2018（1）．

⑦ 陈小荷．主观量问题初探——兼谈副词“就”、“才”、“都”［J］．世界汉语教学，1994（4）．

⑧ 张谊生．现代汉语副词“才”的共时比较［J］．上海师范大学学报（社会科学版），1999（3）．

⑨ 沈家煊．不对称和标记论［M］．南昌：江西教育出版社，1999：168-172．

⑩ 祝东平，刘富华．副词“才”主观量表达的语义基础［J］．吉林大学社会科学学报，2007（2）．

⑪ 王群．现代汉语副词“才”和“就”时间表达的比较研究［J］．现代汉语，2005（3）．

⑫ 黄交军，谭珊丹．现代汉语中“就”和“才”的语义再分析——兼与沈家煊商榷［J］．贵州教育学院学报，2007（1）．

性称为“双向关联”，如刘林①将“才”的句法归为单向关联（即右向关联）与双向关联，并指出后者倾向于左向关联。

“才”在关联焦点时，被认为可以构成量级式，持这种观点的学者包含蒋静忠、魏红华②，刘林③。

二、“才”的使用情况

明清汉语中，“才”主要存在四种类型，分别是表示时间关系、表示限定关系、表示逻辑关系以及表示反驳语气。下面分别探讨。

（一）表示时间关系

1.“（S）才 VP”

“才”表示 VP 出现的时间不久。此时，“才 VP”可以作为单小句，如下面的例句：

（a）教我约下李大姐，花园里赶早凉做些生活。我才描了一只鞋，教李大姐替我描着。（《金瓶梅》第 29 回）

（b）过到天师玉皇阁问道：“这如今船进了海也不曾？”天师道：“才到了有名的白龙江。”（《西洋记》第 19 回）

（c）来安走来说道：“娘每闪闪儿，贲四来了。”金莲道：“怪囚根子，你叫他进去，不是才乍见他来？”（《金瓶梅》第 58 回）

（d）那赵先生回过头来，叫一声：“哎呀！原来是老弟！几时来的？”兰江道：“才到这里，行李还不曾上岸。”（《儒林外史》第 17 回）

“才 VP”作为单小句，存在两种情况：一种如例（a）和例（b），“才”引入 VP，表示新出现的情况，VP 作为更新成分，为句子的焦点；另一种如例（c）和例（d），“S＋VP”表述的事件是可以为受话人所推知的，“才”用在这里表示言者主观上认为“S＋VP”事件出现的时间不久，副词“才”作为更新成分。

① 刘林．现代汉语焦点标记词研究［D］．上海：复旦大学，2013．

② 蒋静忠，魏红华．焦点敏感算子“才”和“就”后指的语义差异［J］．语言研究，2010（4）．

③ 刘林．现代汉语焦点标记词研究［D］．上海：复旦大学，2013．

“才 VP”也可以作为复句的前一小句，如下面的例句：

(e) 白驹过隙，日月如梭，才见梅开腊底，又早天气回阳。(《金瓶梅》第 2 回)

(f) 才倒了茶，姐姐们便来了。(《红楼梦》第 24 回)

“才 VP”用于复句的前一小句，其后小句中多存在“就”“即”“便”“又”“已经”等副词与之呼应，表示前后两件事情紧接着发生。在这类句式中，“才 VP”通常提供关于其后小句的背景信息。

2. “XP_1 才 XP_2”

“才”的前项表示时间晚/长，如下面的例句：

(a) 停眠罢宿，免不的第二日起来得迟，约饭时才起来。(《金瓶梅》第 98 回)

(b) 火光之下，看不明白，不知是铜是锡，是金是银，直待天明才知分晓。(《二刻拍案惊奇》第 36 回)

“才”的后项表示时间早/短，如下面的例句：

(c) 此是六月天气，日子长，到马头上才日西时分。(《金瓶梅》第 94 回)

(d) 我摸他身上还温温儿的，也才去了不多回儿。(《金瓶梅》第 62 回)

“才”表示前后两项在时间上的相承关系，如下面的例句：

(e) 进来先向月娘笑嘻嘻拜了四双八拜，然后才与他姑娘和西门庆磕头。(《金瓶梅》第 32 回)

(f) 程大姐就先往房里收拾铺盖齐整，周龙皋方才醒转，(《醒世姻缘传》第 72 回)

(g) 要拜过天地祖先，然后才入洞房。(《儿女英雄传》第 28 回)

(h) 只见鸳鸯已哭的昏晕过去了，大家扶住捶闹了一阵才醒过来。(《红楼梦》第 111 回)

“才”提示前后两项之间具有时间先后关系，前后两项可以是行为动作，也可以是事件。存在两种情况：一种如例 (e) 和例 (f)，单纯表示两项在时间轴上具有先后关系；另一种如例 (g) 和例 (h)，后项的发生以前项作为前提。

(二)表示限定关系

1. 限定数量

(a)口里才四个牙儿,脚程紧慢都有他的。(《金瓶梅》第38回)

(b)若不是姥姥和你六娘劝我,定罚教你唱到天晚。头里骗嘴说一百个,才唱一个曲儿就要腾翅子?我手里放你不过。(《金瓶梅》第33回)

2. 限定程度

(a)呆子一顿,把他一家子饭都吃得罄尽,还只说才得半饱。(《西游记》第20回)

(b)你道安公子才几日的新进士,让他怎的个品学兼优,也不应快到如此。(《儿女英雄传》第38回)

"才"表示限定时存在两种句法环境,分别是"才VP"与"才NP",在明清汉语中,"才"没有限定范围的用法。

(三)表示逻辑关系

"才"表示逻辑关系,即"XP_1 才 XP_2",存在三种类型:第一种是表示条件-结果关系,第二种是原因/目的-结果关系,第三种表示单纯承接关系。下面分别探讨。

1. 条件-结果关系

(a)他两个妖精虽则灵变,却要驾着雾借着云才会飞。(《西洋记》第7回)

(b)须是这般掉手干,大家才得干净。(《西游记》第82回)

(c)除非是他睡着了,才下手得他。(《西洋记》第49回)

(d)亏得这阵哄堂大笑,才把这位老爷的一肚子酸文薰回去了。(《儿女英雄传》第33回)

(e)心里只要和咱们这种人家作亲才肯。(《红楼梦》第94回)

"XP_1 才 XP_2"表示条件-结果关系,前项通常为排他性条件,可以被表示必要条件(如"须")、唯一条件(如"除非")或有利条件(如"亏得")等的关联词修辞；我们在语料中也发现了“才”出现在表示充分条件（“只要”）的结构中，但是这里的整个结构仍然是表示必要条件，呈现排他性。

2. 原因/目的-结果关系

(a) 老太太因为喜欢他，才惯的他这样，还这样说，他明儿越发无礼了。(《红楼梦》第38回)

(b) 关爷道：“他为何到此?”周仓道：“他为了取凤凰的蛋，才到得此。”(《西洋记》第52回)

“XP_1 才 XP_2”表示原因/目的-结果关系，前项作为原因/目的，仍然是排他性的。

3. 单纯承接关系

(a) 须烦天师作速些才好。(《西洋记》第66回)

(b) 说几句正经话，使他打破迷团，早归正路才是。(《儿女英雄传》第22回)

(c) 番王道：“是俺不听忠言，悔之无及。今日要降书降表送上南朝，又要倒换通关牒文前往别国，须在二位丞相身上。”左右丞相说道：“这才是个道理，只还有一件来。”(《西洋记》第32回)

(d) 我惟有叩天默祝，教我早早的见了我的爹娘，或是今生或是来世，转生在我这伯父、伯母的膝下，作个儿女，那才是我何玉凤报恩的日子！(《儿女英雄传》第24回)

单纯表承接关系，即“才”连接话题和述题，后项表示对前项的述评。这里存在两种情况：一种如例(a)和例(b)，“才”连接前后两项，前项作为对比成分；另一种如例(c)和例(d)，“才”的前项为指示代词“这/那”，指代上文构成对比的成分，这里后项作为更新成分。

(四) 表示反驳语气

(a) 贾芹便请了安，垂手侍立，说道：“……二叔想来是知道的。”贾琏道：“我知道什么！你才是明白的呢。”(《红楼梦》第93回)

(b) 傅氏曰：“慢点，应了一声就是真的？她尚未曾说话咧，我才不信！”(《跻春台·节寿坊》)

“XP_1＋才＋XP_2”表示反驳语气存在两种情况：一种是位于反驳命题后给

出的新命题中，此时 XP_1 作为对比成分；另一种是位于反驳命题之中，XP_2 作为对比成分。

三、“才”标记焦点的特性

表示限定的“才”，属于前置型焦点结构；而表示逻辑关系的“才”，连接 XP_1 和 XP_2，属于典型的连接型焦点结构。

（一）前置型焦点结构“才”

前置型焦点结构“才”的用法与“只”相似，可以表示唯一限定与量级限定。

1. 唯一限定

(a) 口里才四个牙儿，脚程紧慢都有他的。（《金瓶梅》第38回）

(b) 咱们两个才四个眼睛，两个心，一时不防，倒弄坏了。（《红楼梦》第55回）

明清汉语中，“才”没有限定范围的用法，但是“才”限定数量时可以表示“唯一限定”，此时“才”限定的成分是实有的，即没有多的，就是这些。

2. 量级限定

(a) 呆子一顿，把他一家子饭都吃得罄尽，还只说才得半饱。（《西游记》第20回）

(b)“恭喜大王，上界去十数年，想必得意荣归也?”猴王道：“我才半月有馀，那里有十数年?”（《西游记》第4回）

明清汉语中，“才”通常限定数量结构，表示的都是量级限定，即“没有更多的”。

（二）连接型焦点结构“才”

在句法上，“才”倾向于前指，即焦点项倾向于出现在“才”前。这里关涉的一个问题，就是这一类“才”与后置型焦点结构的区别。

“才”可以与“是”结合，构成“才是”，这个“才是”用在句末的时候，具有与“的是”“便是”一样的用法，我们可以将其看作一个后置型焦点结构。

(a) 我前日该听他们劝，置些货物来的是。(《初刻拍案惊奇》第1回)

(b) 除夕切勿他往，只在贵寓等着便是。(《二刻拍案惊奇》第24回)

(c) 你今儿又招我来了。给平儿拾鞋也不要，你们两个只该换一个过子才是。(《红楼梦》第45回)

但更多时候，“才”处在两项之间表示逻辑关系，尽管“才”前指焦点项，但是“才”的后项无法省略，即“才”总是处在焦点项与背景项之间。

在语义上，“才”可以表示排他限定与量级限定。

1. 排他限定

(a) 撇去软水，借来硬水，才能过去。(《西洋记》第21回)

(b) 放你去却不能！拿了东西来才能放你去。(《儒林外史》第51回)

“只”表示唯一限定，重在对焦点项独一性的强调；“才”表排他限定，重在对非焦点项的排除。

2. 量级限定

(a) 俩媳妇呢，少说也得一年的光景才能去呢。(《儿女英雄传》第40回)

(b) 须得五千余金，才能无事么？(《儿女英雄传》第9回)

“才”表示量级限定，即“才”前面为主观大量，表示“低于此则不能成”。

四、“才”的来源

(一) 前置型焦点结构“才”的来源

限定副词“才”，即表示主观小量，义同“只”。

首先，关于“才”的限制义，即“才”表示主观小量，一种观点认为，“才”的限制义是“才”本身的初始意义，如太田辰夫指出，“纔”“才”在古代也做“裁”“财”，用作“仅”的意义很普通[①]；李宗江指出，先秦首先出现限质

---

① 太田辰夫．中国语历史文法［M］．蒋绍愚，徐昌华，译．北京：北京大学出版社，1987.

义的“才”，而后出现限量义的“才”[①]；杨荣祥指出，“才”最先写作“财”或“裁”，在汉代写作“纔”，“才”始见于六朝，“纔（才）”的限定副词用法是从上古汉语继承而来的[②]。但也有观点认为，“才”的限制义是从初始义引申而来的，朱骏声的《说文通训定声》中有这种观点的陈述，刘林[③]也持这种观点。张琨则认为，“纔”本义为微黑色，引申出浅义，并继续引申出“仅”和“暂”之义，“才”通过文字假借的途径，从“纔”获得限定性用法[④]。我们赞同李宗江的观点，指出“才”限质义属于初始意义，引申出限量义，限质义在明清汉语中已经完全消失，如下面的例句：

(a) 难近穴为铁鈇。金与扶林长四尺，财自足。(《墨子·备穴第六十二》)

(b) 死财三年，宗族诛夷，哀哉！(《汉书·霍光传》)

(c) 初极狭，才通人；复行数十步，豁然开朗。(《陶渊明集》)

(d) 众才七千，闭栅自守，举白接告降。(《三国志·吴书》)

这个限定也可以表示对时间的限定，即表示“刚刚”。李宗江以“方”和“始”为例，指出初始义和限制义可以发展出“刚刚”义，即表示初始义的副词用在动词谓语前追述过去事态开端的时间，也表示事态初成的时间，相当于“刚刚”；表示限制义的副词“当限制的范围为时间的数量或事物变化的过程时，既包含限制范围的意义，也包含限制时间的意义”[⑤]，如下面的例句：

(e) 陛下不救，则边民绝望而有降龙伏敌之心；救之，少发则不足，多发，远县纔至，则胡又已去。(《汉书·晁错传》)

(f) 秦皇帝计其功德，度其后嗣，世世无穷，然身死纔数月耳，天下四面而攻之，宗庙灭绝矣。(《汉书·贾山传》)

(二) 连接型焦点结构“才”的来源

连接型焦点结构“才”，即承接副词“才”，被认为是由时间副词“才”发

---

① 李宗江．汉语“才”类副词的演变［C］//李宗江．汉语常用词演变研究．上海：汉语大词典出版社，1999：196-219.

② 杨荣祥．近代汉语副词研究［M］．北京：商务印书馆，2005：159-161，144-147.

③ 刘林．现代汉语焦点标记词研究［D］．上海：复旦大学，2013.

④ 张琨．限定性范围副词“就”、“才”、“光”的历时演变研究［D］．北京：北京师范大学，2012.

⑤ 李宗江．汉语常用词演变研究［M］．上海：汉语大词典出版社，1999.

展而来，持这种观点的学者包括李宗江[①]、杨荣祥[②]、张明莹[③]等。

首先，“才＋VP”可以出现在时间词之后，即“时间词＋才＋VP”，表示“在某个时间点，VP刚刚出现”。在语境中，时间短可以被理解为时间晚。我们发现的较早用例是在唐代，如下面的例句：

(a) 夜来皓月才当午，重帘悄悄无人语。（唐温庭筠《菩萨蛮·夜来皓月才当午》）

(b) 雪尽才通屐，汀寒未有蘋。（唐元稹《酬乐天早春闲游西湖，颇多野趣，恨不得与微》）

在这里，“才”前的时间成分表示的是VP运行的初始点和起始点，即在时间点T，VP开始运行。时间点T可以是典型的时间成分，如例(a)中的“夜来”，作为“皓月当午”的起始点，即“半夜了，皓月正当空”；也可以是表示行为动作的VP成分，如例(b)中的“雪尽”，作为“通屐”的起始点，即“雪融化尽了，可以穿木屐”。

例(a)属于“典型时间词＋才＋VP”，例(b)则属于“VP_1＋才＋VP_2”，VP_1发生的时间点作为VP_2发生的起始点，二者具有时间上的承接关系，VP_2的发生以VP_1的发生或结束为前提，即“雪融化了，然后穿木屐”；VP_1也可以作为VP_2的条件或原因，只有当VP_1满足之后，VP_2才会出现，即“雪融化了，才可以穿木屐”。

唐圭璋、周汝昌的《唐宋词鉴赏辞典（唐·五代·北宋卷）》指出，例(a)中的“才”字写出“夜来已久，明月才渐渐升到中天的情味”[④]。这里存在客观时间和主观时间的不同，时间点T“夜来”是“皓月当午”的客观起始时间，而言者主观上认为“夜来”作为“皓月当午”的起始点太晚了；同样，例(b)中的时间点“雪尽”是“通屐”的客观时间点，但是言者主观上可以认为“雪融化完了才穿木屐，有些太晚了”。

王群讨论了“才”表示时间短和时间晚之间的关系，指出在“T_{-2}—T_{-1}—T_0”这个时间链中，T_0表示参照时间（现在说话的时间），“才”表示时间短

---

① 李宗江．汉语“才”类副词的演变［C］//李宗江．汉语常用词演变研究．上海：汉语大词典出版社，1999：196-219.

② 杨荣祥．近代汉语副词研究［M］．北京：商务印书馆，2005：159-161，144-147.

③ 张明莹．副词“才”的语义发展脉络［J］．云梦学刊，2007（6）.

④ 唐圭璋，周汝昌．唐宋词鉴赏辞典（唐·五代·北宋卷）［M］．上海：上海辞书出版社，1999：50-52.

（事情在前不久发生）时修饰的动作 M 应发生于 T_{-1} 的位置上。因此 M 发生的时间距离现在 T_0 的时间短，而相对于发生时间距离现在长的事件，M 发生的时间位置就相对较晚[①]。

语境中可能存在明显提示“时间晚”的成分，如下面的例句：

（c）楚俗物候晚，孟冬才有霜。（唐元稹《玉泉道中作》）

（d）五丝绳系出墙迟，力尽才瞵见邻圃。（唐韩偓《秋千》）

例（c）中出现了明显提示时间晚的“晚”，即“孟冬”这个时间作为“有霜”的起始点太晚了；例（d）中出现了明显提示时间晚的“迟”，即“力尽”这个动作发生的时间作为“瞵见邻圃”的时间太迟了。

在“典型时间词＋才＋VP”中，“才”前的时间词可能从表示时间点的成分扩展为表示时段的成分。此时，语境中不需要提示时间晚的其他成分，“才”可以单独表示时间晚，如下面的例句：

（e）王评事者，吾山中之友，道情不固，弃吾下山，别近十年，才为廷尉。（唐《续玄怪录·裴谌》）

（f）星桥鹊驾，经年才见。想离情，别恨难穷。（宋李清照《行香子·七夕》）

“才”前是表示时段的时间成分，该时段表示的时间晚，即该时段持续的时间长，表示主观大量。除了时间长之外，“才”前的主观大量成分还可以表示数量大、程度高等，如下面的例句：

（g）万钱才下箸，五酘未称醇。（唐元稹《代曲江老人百韵》）

（h）小人们费了多少心机，才访得着。（明凌濛初《二刻拍案惊奇》）

在“VP_1＋才＋VP_2”中，VP_1 不仅与 VP_2 有时间上的顺承关系，也存在逻辑上的顺承关系，构成条件-结果句或原因/目的-结果句，如下面的例句：

（i）假使得长生，才能胜夭折。（唐白居易《赠王山人》）

（j）昔贾大夫之妻鄙其夫，才不笑，然观其射雉，尚释其憾。（唐《续玄怪录·杜子春》）

从时间上的顺承到事理顺承是世界上许多语言的共同演变机制。在推理的

① 王群．现代汉语副词“才”和“就”时间表达的比较研究［J］．现代汉语，2005（3）．

作用下，在时间线上先发生的动作作为后发动作的条件或原因，“才”因此可以从表示时间顺承到表示事理顺承，即承接副词“才”。

从时间副词到承接副词，“才”的演化涉及两条完全不同的路径：一是时间短，作为充分/假设条件，据张谊生①和胡俊华②的研究，在前一动作之后紧接着发生后一动作，在推理机制下，已然状态的前一动作作为后一动作的充分条件，未然状态的前一动作作为后一动作的假设条件，由于“才”表示充分/假设条件的用法在现代汉语中几乎没有，因此这里并不具体论述；二是时间晚，作为排他条件/原因，在“VP_1＋才＋VP_2”中，VP_2 是需要经历较长时间、较大数量或较多力气才能实现/达到，也就隐含了对低于 VP_1 的排除，如“才”关联“别近十年”，是对“十年”以下的项表示排除，“才”关联“万钱”，是对低于“万钱”的项表示排除，因此“才”关联前项表示排他条件/原因。

五、小结

本节探讨了明清汉语中的“才”。

从共时的层面来说，明清汉语中的“才”主要用于三种环境，分别是表示时间关系、表示限定关系、表示逻辑关系。其中，当表示限定关系时，“才”作为前置型焦点结构，可以表示唯一限定与量级限定；当表示逻辑关系时，“才”作为连接型焦点结构，表示排他性限定，重在对非焦点项的排除，以及表示量级限定。

从历时的层面来说，前置型焦点结构“才”源于表示初始意义的“才”，限制副词“才”与初始义“才”进一步发展出时间副词的用法；连接型焦点结构“才”来源于时间副词“才”。

第三节　“连……也/都/还……”

“连……也/都/还……”指的是具有强调意义的“连＋XP＋也/都/还＋VP”结构 ，下文简称为连字结构。“连”被认为引进某种关于可能性的语用标尺上的

① 张谊生．试说近代汉语副词“才”的特殊用法［J］．徐州师范学院学报（哲学社会科学版），1993（6）．

② 胡俊华．面向对外汉语教学的语义地图研究——以多功能副词“才”为例［D］．北京：对外经济贸易大学，2020．

最低点，XP 虽然不是 NP，但依然表现出某种名词的性质，同时连字结构整体上呈现出一种反预期的句式意义（参见白梅丽①、曹逢甫②、周小兵③、崔希亮④、刘丹青和徐烈炯⑤、蔡维天⑥、袁毓林⑦的研究）。但是关于该结构的意义和功能，学界是存在一定争议的。

本书认为连字结构是一个连接型焦点结构，这不仅因为连字结构中存在表示连接的副词“都/也”，而且因为连字结构总是与句外成分构成对比，即连字结构总是关联着与之相关的一个命题，造成连字结构构成一个“焦点＋背景”的逻辑命题。连字结构的整体构式义为反预期，即“XP 的所指具有 VP 所指的那种属性是出人意料或不应该的”，因此 XP 倾向于充当连字结构所在句的焦点，即“连……也/都/还……”。

一、以往对连字结构的研究

以往对连字结构的研究，主要集中在两个层面：一是连字结构的功能，即其究竟标记的是焦点还是话题；二是连字结构的意义。下面具体探讨。

（一）连字结构的功能

关于连字结构中的 XP 究竟是焦点还是话题，学界主要存在四种看法。

第一种看法认为“连”关联的是话题，但因为该话题所在的成分总是表示对比，因此该成分是焦点。这种处理方式实际上承认了话题与焦点之间存在交集，但又矛盾地认为，限于 XP 的话题性质，句子同时选择了其他成分作为高于

① 白梅丽．汉语普通话中的“连……也/都”［J］．中国语文，1981（3）．

② 曹逢甫．再论话题和“连……也/都”结构［C］//戴浩一，薛凤生．功能主义和汉语语法．北京：北京语言学院出版社，1989：95-116．

③ 周小兵．汉语“连”字句［J］．中国语文，1990（4）．

④ 崔希亮．试论关联形式“连……也/都”的多重语言信息［J］．世界汉语教学，1990（3）．

⑤ 刘丹青，徐烈炯．焦点与背景、话题及汉语“连”字句［J］．中国语文，1998（4）．

⑥ 蔡维天．谈“只”与“连”的形式语义［J］．中国语文，2004（2）．

⑦ 袁毓林．试论“连”字句的信息结构特点——兼论“都”的右向约束功能的形成机制［J］．语言科学，2006（2）；袁毓林．论“连”字句的主观化表达功能——兼论几种相关的“反预期”和“解-反预期”格式［C］//吴福祥．汉语主观性与主观化研究．北京：商务印书馆，2011：398-426．

XP的焦点，持这种看法的学者以方梅[1]、刘丹青和徐烈炯[2]等为代表。王灿龙在承认“连”具有焦点提升功能的前提下，又将连字结构看作一个无标记焦点结构[3]；屈承熹则在明确焦点与信息新旧无关的前提下，指出XP既是话题又是焦点[4]。

第二种看法则认为“连”关联的XP具有话题性质，只能是话题，不能是焦点，持这种看法的学者以白梅丽[5]、曹逢甫[6]为代表。曹逢甫指出，话题在对比时可以加重音，因此“连”字成分表示对比常常有重音与之相连，这一事实并不能成为反对将其当作话题的论据。

第三种看法则将“连＋XP”整体看作移位生成的短语，根据其所在的句法位置来区别分析，在句首为话题，在句中则为焦点，持这种看法的学者以Badan和Del Cobbo[7]为代表。

第四种看法则认为“连”关联的不是话题而是焦点，如袁毓林[8]从话题的性质反推“连”所引导的成分并不具有一般话题表现出的性质，认为“连”所引导的成分不是一个典型的话题；熊仲儒则从“连”所处的句法位置出发，确定“连”所引导的成分并不处在话题位置[9]。

（二）连字结构的意义

连字结构被认为是引进某种关于可能性的语用标尺上的最低点，这一特性

---

① 方梅．汉语对比焦点的句法表现手段［J］．中国语文，1995（4）．

② 刘丹青，徐烈炯．焦点与背景、话题及汉语“连”字句［J］．中国语文，1998（4）．

③ 王灿龙．“连”字句的焦点与相关的语用问题［C］//．中国社会科学院语言研究所《中国语文》编辑部．庆祝《中国语文》创刊50周年学术论文集．北京：商务印书馆，2004：79-87．

④ 屈承熹．汉语篇章语法［M］．潘文国，等译．北京：北京语言大学出版社，2006：143-166．

⑤ 白梅丽．汉语普通话中的“连……也/都”［J］．中国语文，1981（3）．

⑥ 曹逢甫．再论话题和“连……也/都”结构［C］//戴浩一，薛凤生．功能主义和汉语语法．北京：北京语言学院出版社，1989：95-116．

⑦ Badan L，Del Gobbo F. The Even-Construction and the Low Periphery in Mandarin Chinese［C］//Tsai D. The Cartography of Chinese Syntax. Oxford：Oxford University Press，2015：33-91．

⑧ 袁毓林．试论“连”字句的信息结构特点——兼论“都”的右向约束功能的形成机制［J］．语言科学，2016（2）．

⑨ 熊仲儒．连字句的制图分析［J］．现代外语，2017（4）．

被认为与英语中的 even 相当（参见蔡维天[①]、熊仲儒[②]的研究）。袁毓林[③]给出了具体的连字结构的意义结构。A 预设：① 存在着一组事物，它们具有 VP 所指谓的那种属性；② 可以按照拥有那种属性的可能性的大小而建立一个语用尺度，比如“最不可能—不太可能—可能—较有可能—非常可能”；③ 那组事物可以分别处于这个可能性标尺的不同的刻度上；④ NP 所指的事物处于这个语用尺度的最低点，即它最不可能具有 VP 所指谓的那种属性。B 断言：NP 所指的事物具有 VP 所指谓的那种属性。C 推论：① 全称性，即这个语用尺度上的所有事物都具有 VP 所指谓的属性；② 反预期性，即 NP 的所指具有 VP 所指谓的那种属性是出人意料的。

袁毓林的分析建立在 XP 所在的集合内成员均具有 VP 属性的基础上，然而并非所有的连字结构都具有这种特点。周小兵[④]穷尽性地统计了相当数量的“N_1V_1，连 N_2V_2”语料后指出，在基础句中，N 不同，V 相同，而在类推句中，N 和 V 都不同，如“四表妹脚缠得很小，连字也不认识几个”。他指出，由于基础句的类推作用和“连”“也”的作用，“连”引出的 N 仍然是强调的重点，但是受强调程度比不上基础句，因为基础句主要是 N 的对比和递进，而类推句主要是 NV 的对比和递进。

刘丹青据此将连字结构分为典型连字结构和非典型连字结构。其中，在非典型连字结构中，“连 XP”根本不出现在任何可能性等级尺度中，谈不上顶端、低端，因此也不存在对 XP 的强调，强调义只是对整个 VP 含义的强调，非典型连字结构的强调义来自整个构式的表义作用，更具有不可分解性。他所说的非典型连字结构共有五类，分别是：① XP 是后面的离合动词的一个词内语素或动词习语的一部分，XP 本身既非独立的词汇成员，又无独立的词义，没有资格独立充当论元，如“连架也不吵了”；② XP 是语义抽象度很高的词，难以有同级语义场的词来构成可比的集合，如“连事情都没办法做”；③ 同现限制及语义相宜性限制的非典型“连 XP”，如“连的士都舍不得打”，“打的士”和“打伞”“打水”中的 XP 无法构成一个语义类；④ 等级性非典型“连 XP”，如“他这才觉出冷来，连嘴唇都微微地颤着”，人体受冷时嘴唇是很容易颤抖的，至少不比其他很多部位更难颤抖，“连 XP”不处在预设集合的可能性低端；⑤ 语用型非

---

① 蔡维天．谈“只”与“连”的形式语义［J］．中国语文，2004（2）．

② 熊仲儒．连字句的制图分析［J］．现代外语，2017（4）．

③ 袁毓林．论“连”字句的主观化表达功能——兼论几种相关的“反预期”和“解-反预期”格式［C］//吴福祥．汉语主观性与主观化研究．北京：商务印书馆，2011：398-426．

④ 周小兵．汉语“连”字句［J］．中国语文，1990（4）．

典型“连 XP”，如“连门都不敲就进来了”，从词义上说，还有“墙”“钟”可以和“门”构成一个等级尺度，受“敲”的支配，但是在一个“进门”的时间框架中，“敲门”是预设中进门前一个最起码的常规步骤，但是与之构成集合的不是“敲门”“敲墙”“敲钟”，而是更有礼貌地“喊门”“探问”“询问”“请求”等[①]。

胡亚同样从构式的角度出发，将连字结构分为四类，分别是：① XP 所属者的“连”前成分构成的主体对比，如“你的办公室至少还有窗户，我的连个窗户都没有”；②“连”后 XP 作为集合内成员与参照项构成比较，强调 XP 低可能性的意外，如“连三岁小孩都知道这个道理”；③“VP＋XP”作为整体事件与相关事件构成比较，强调“VP＋XP”作为典型事件的低可能性，如“连口都没漱就跑出去了”；④ XP 的“量”与 XP 内的全量构成比较，强调 XP 的量多或量少，如“连一口都没喝”[②]。

我们同样将连字结构视作一个构式。作为构式，连字结构的整体构式义为反预期，即 XP 的所指具有 VP 所指谓的那种属性是出人意料或不应该的。在典型的连字结构中，这种反预期意义体现在 XP 相对于其他成分很难具备 VP 所指谓的那种属性；在非典型连字结构中，这种反预期语义体现在“VP＋XP”这种情况的出现是出人意料或不合理的，应该受到责备的，如下面的例句：

(a) 我们一般笑骂无用的人是“行尸走肉”，但是我却连“行尸走肉”都不如，因为“尸”“肉”还能行走！（冰心《冰心全集》）

(b) 人家求你，你仿佛吃了蜜，连事情还没弄明白就一劲儿点头。（老舍《贫血集》）

(c) 这两位红极一时的名妓，已经穷困拮据到连锅都快揭不开的地步！（刘斯奋《白门柳》）

上述三例中的 XP 都不存在与之构成对比的候选项，例（a）中的“连”前主体构成对比；例（b）中属于语义抽象度很高的词；例（c）中的“VP＋XP”作为整体事件。

① 刘丹青．作为典型构式句的非典型“连”字句［J］．语言教学与研究，2005（4）．

② 胡亚．“连 XP 都/也 VP”构式的分类层级和原型效应［J］．语言教学与研究，2018（4）．

二、连字结构的使用情况

明清汉语中，连字结构主要存在以下几种情况：一是“连”仍然表示连带意义；二是“连”前主体构成比较；三是“连”后XP构成对比；四是“VP＋XP”作为整体事件。下面分别探讨。

(一)“连”表示连带意义

(a) 俺每如今便都往吴大妗子家去，连你每也带了去。(《金瓶梅》第45回)

(b) 侍郎道：“既不念咒，只诵你家的经典罢。”长老道：“连经也不会诵。”(《西洋记》第13回)

(c) 一见了，连衣裳也不找了，且看花儿。(《红楼梦》第37回)

(d) 却说哈里虎射了眼珠儿，一手拔出个箭头，连眼珠儿都带将出来。(《西洋记》第64回)

(e) 只见铁索稍上，一个不黑不白、没头没脑、十丈多长的一个大东西，呼的一响，反跳下去，连一百头水牛都带得淹死了。(《西洋记》第43回)

这里的“连”有很强的连带意义，存在两种情况：一种如例 (a) 和例 (b)，表示“(不仅)……而且……”；另一种如例 (c)、例 (d) 和例 (e)，前事的出现连带着后事的出现。

(二)“连”前主体构成比较

(a) 前番的弹子，前番的箭，倒还有些火星出来，今番的枪，连火星也没有了。(《西洋记》第41回)

(b) 凡物可入官，这祭祀产业连官也不入的。(《红楼梦》第13回)

(c) 朕求一个左先锋且不可得，老卿连右先锋都有了。(《西洋记》第15回)

(d) 你看人家，那样大年纪都在那里张罗，你难道连剥个蒜也不会么？(《儿女英雄传》第9回)

“连”前主体构成对比存在两种情况：一是如例 (a) 和例 (b)，XP作为两个主体比较的内容，复指前小句成分；另一种是如例（c）和例（d），不仅“连”前主体构成对比，而且 XP 也构成对比。

当 XP 复指前小句成分时，此时句式为“主体$_1$＋XP＋VP，主体$_2$＋连［XP＋非 VP］”，连字结构的作用是使得 XP 作为语用尺度的最低点。

我们可以将例（a）和例（b）与下面的句子进行比较：

（e）他有乌锥马骑的，不怕死；我没有乌锥马骑的，也不怕死么？（《西洋记》第 37 回）

显然，即便 XP 作为复指成分，自身依然是作为语用尺度的最低点。因此，我们认为 XP 作为对比成分。

（三）“连”后 XP 构成对比

（a）便我的兄弟有不是处，你怎么连我也赶将来？（《西洋记》第 7 回）

（b）我一个人是奴才命罢了，难道连我的亲戚都是奴才命不成？（《红楼梦》第 3 回）

（c）安上了这些草把儿，连水军也不省得做甚么，那些番船哪里晓得舵上安了东西？（《西洋记》第 64 回）

（d）别人不知道我的心还可恕，连他也奚落起我来。（《红楼梦》第 29 回）

（e）那贱妾珠锦僭分，鼎食大烹，把正妻囚在冷房，衣不蔽体，食不充肠，一个大年下，连个馍馍皮子也不曾见一个。（《醒世姻缘传》第 10 回）

（f）凭他怎么糊涂，连个好歹也不知，还成个人了？（《红楼梦》第 37 回）

XP 构成对比存在三种情况。第一种如例（a）和例（b），对比项谓语与 XP 一致；第二种如例（c）和例（d），对比项谓语与 XP 谓语可归为一类；第三种如例（e）和例（f），XP 作为语用尺度的最低点，语境中不存在与 XP 构成明显对比项的成分。在例（f）中，XP“好歹”既可以表示应该知道的最低内容，XP 也可以与 VP 构成整体，表示此类情况的出现是不合理的，应受到责备的。

(四) VP+XP 作为整体事件

(a) 你五娘下夜怕我害冷，连尿也不叫我下来溺。(《金瓶梅》第75回)

(b) 我这些儿女，所疼者独有你母，今日一旦先舍我而去，连面也不能一见，今见了你，我怎不伤心！(《红楼梦》第3回)

“VP+XP”作为整体事件，此时 XP 作为 VP 的受事①，与之构成对比的也是相关的事件参照项。连字结构将 XP 分离出来，进行单独强调。

我们可以将上面的例(b)与下面的句子进行比较：

(c) 时常想念二位少爷的恩情，不能见面。(《儒林外史》第9回)

(d) 想父母在家，若只管思念儿女，竟不能见，倘因此成疾致病，甚至死亡，皆由朕躬禁锢，不能使其遂天伦之愿，亦大伤天和之事。(《红楼梦》第16回)

比起“VP+XP”作为整体的表述，连字结构将 XP 从 VP 的宾语位置分离出来，因此例(c)和例(d)更具有强调意味。

三、连字结构标记焦点的特性

在句法上，连字结构中的 XP 或者作为对比成分，或者与 VP 作为整体事件。无论是哪种情况，XP 都是所在句的焦点项。

在语义上，连字结构构成量级强调，即 XP 作为语用尺度的最低点。下面是 XP 作为数量结构的例子：

(a) 我虽不能为力，难道连一句话也不肯说不成？(《儿女英雄传》第3回)

(b) 惹得满屋子的人无不大笑，只有安老爷合张亲家太太绷的连一丝儿笑容儿也没有。(《儿女英雄传》第40回)

四、连字结构的来源

我们一般认为，连字结构中的“连”源于“连带/连同”义的“连”，由

① VP+XP 作为整体事件，还存在动词拷贝或重动句形式。关于重动句，我们将在第五章进行探讨，这里不涉及重动句的情况。

“X_1 连 X_2（共）VP”，分裂为“X_1 VP，连 X_2 也/都 VP”，发展出基础句式（类推句式）“X_1 VP_1，连 X_2 也/都 VP_2”，直至典型句式语境中隐含或不存在对比项的“连 X 也/都 VP”（参见孙锡信①、刘坚等②、周小兵③、洪波④的研究），即连字结构在发展时伴随着 VP 逐渐失去同一性，如下面的例句：

(a) 尝发所在竹蒿，有一官长连根取之，仍当足，乃超两阶用之。(《世说新语·政事》)

(b) 这个转水车相似，只拨机关子，他自是转，连那上面磨子、筛罗一齐都转。(《朱子语类》卷 121)

(c) 可惜有名的禁魂张员外，只为悭吝二字，惹出大祸，连性命都丧了。(《喻世明言·宋四公大闹禁魂张》)

(d) 仔细看时，和店房都不见了，连王吉也吃一惊。(《喻世明言·陈从善梅岭失浑家》)

五、小结

本节探讨了明清汉语中的连字结构。连字结构作为构式表示反预期义，即 XP 的所指很难具有 VP 那种属性，在典型构式中，这种反预期意义体现在 XP 相对于其他成分很难具备 VP 所指谓的那种属性；在非典型构式中，这种反预期语义体现在“VP＋XP”这种情况的出现是出人意料或不合理的，应该受到责备的。

从共时的层面来说，明清汉语中的连字结构主要用于四种环境，分别是“连”仍然有连带意义、“连”前主体构成比较、“连”后 XP 构成对比以及“VP＋XP”作为整体事件。在后三种情况中，XP 作为对比成分或强调成分，作为句子的焦点，构成量级强调。

从历时的层面来说，连字结构中的“连”源于“连带/连同”义的“连”，伴随着 VP 逐渐失去其同一性。

---

① 孙锡信．汉语历史语法要略［M］．上海：复旦大学出版社，1992：196-197.

② 刘坚，江蓝生，白维国，等．近代汉语虚词研究［M］．北京：语文出版社，1992：207-219.

③ 周小兵．汉语“连”字句［J］．中国语文，1990（4）；周小兵．“连”字句的生成与发展［M］//周小兵．句法·语义·篇章——汉语语法综合研究．广州：广东高等教育出版社，1996：170-183.

④ 洪波．“连字句”续貂［J］．语言教学与研究，2001（2）.

第五章
背景标记型焦点结构

背景标记型焦点结构，就是指句中存在可以提示某成分作为背景的焦点结构，这种提示往往表现在使该成分与语境中的成分相照应。重动句中，重复动词可以照应 VP_1，构成“背景+重复动词+焦点”的句子结构；分裂结构中，“的”所在的关系从句往往表示对上文内容的照应，构成“［是+焦点］+［背景+的］”的句子结构。

第一节　重　动　句

重动句是指同一个动词在句中出现两次的结构，前一个动词后面带宾语，后一个动词在后面带补语，可形式化为“SVP_1VP_2”，补语形式包括数量补语（时量补语和动量补语）、处所补语或者动结式等。在重动句中，重复动词倾向于提示 VP_1 作为背景成分，使句子构成“背景+重复动词+焦点”的结构。

一、以往对重动句表述焦点的研究

对于重动句的语用功能，温锁林指出，这种句式是受到汉语动词偏后的信息编排策略以及与这一策略相对应的动词后只有一个重要信息单位的信息准则共同作用的结果，即动词的重复使用是为了达到分化动词后信息单位的目的[①]。魏扬秀从重动句使用的具体语境出发，指出汉语重动句的基本语用功能是表原因解释，提供背景信息[②]。孙红玲指出，重动句同时具有原因解释和条件限制的功能，其根本的语用功能是“突出强调特定活动中动作行为达到的量”[③]。钟小勇则认为，重动句及其否定形式都可以推出相同的命题，而这个命题就是 VP_1 所表达的命题，可见重动句是一种预设触发语[④]。

重动句存在明显的背景与焦点的划分，如丁婵婵将重动句看作背景-图形结构[⑤]。因此，重动句的焦点也就被认为倾向于落在 VP_2 中，焦点是 VP_2，或者是 VP_2 中的补语成分（参见项开喜[⑥]、戴耀晶[⑦]、聂仁发[⑧]、钟小勇[⑨]的研究），但是在双焦点理论中，重动句中的 VP_1 和 VP_2 都被认为是焦点（参见赵新[⑩]、张静[⑪]的研究），或其中的宾语和补语都是焦点（参见王灿龙[⑫]的研究）。

二、重动句的使用情况

重动句一般可以划分为非致使义重动句和致使义重动句。其中，在致使义重动句中，VP_1 与 VP_2 的补语之间存在致使关系（参见孙红玲[⑬]的研究）。明清汉语中，依照 VP_1 与 VP_2 之间的关系，存在三种类型的重动句，分别是一般重动句、致使关系重动句、让步关系重动句。下面分别讨论。

（一）一般重动句

一般重动句的 SVP_1VP_2 存在两种情况：一种是表事件-结果义，另一种是

---

① 温锁林．汉语句子的信息安排及其句法后果［M］//邢福义．汉语法特点面面观．北京：北京语言文化大学出版社，1999：400-407.

② 魏扬秀．重动句原因解释功能分析［D］．北京：北京语言文化大学，2001.

③ 孙红玲．致使性重动句的量变图式［J］．世界汉语教学，2004（4）.

④ 钟小勇．重动句信息结构研究［D］．上海：复旦大学，2008.

⑤ 丁婵婵．现代汉语重动句的认知研究［D］．上海：华东师范大学，2015.

⑥ 项开喜．汉语重动句式的功能研究［J］．中国语文，1997（4）.

⑦ 戴耀晶．试说汉语重动句的语法价值［J］．汉语学习，1998（2）.

⑧ 聂仁发．重动句的语篇分析［J］．湖南师范大学社会科学学报，2001（1）.

⑨ 钟小勇．重动句信息结构研究［D］．上海：复旦大学，2008；钟小勇．重动句焦点分析［J］．语言科学，2020（2）.

⑩ 赵新．试论重动句的功能［J］．语言研究，2002（1）.

⑪ 张静．现代汉语重动句研究［D］．南京：南京师范大学，2004.

⑫ 王灿龙．重动句补议［J］．中国语文，1999（2）.

⑬ 孙红玲．致使性重动句的量变图式［J］．世界汉语教学，2004（4）.

表话题-评述义。

1. 事件-结果义

(a) 韩府也叫人看过，看得十分中意。(《二刻拍案惊奇》第15回)

(b) 杜少卿坐下，同韦四太爷、来霞士三人吃酒。直吃到下午，看着江里的船在楼窗外过去，窗上的定风旗新新转动。(《儒林外史》第33回)

(c) 我来寻我们的姑娘的，找他总找不着。(《红楼梦》第24回)

这里，VP_2 作为事件结果，重动词 V 用在这里与上文的 VP_1 相照应，VP_2 中表述结果的成分作为更新成分。

2. 话题-评述义

(a) 论我姐姐这条心，可疼我疼得没处疼了。(《醒世姻缘传》第26回)

(b) 坠儿疼的乱哭乱喊。麝月忙拉开坠儿，按晴雯睡下，笑道："才出了汗，又作死。等你好了，要打多少打不得？这会子闹什么！"(《红楼梦》第52回)

(c) 你办事办老了的，还记不得，倒来难我们。(《红楼梦》第55回)

这里，VP_2 表示对 VP_1 的评述，重动词 V 用在这里与上文的 VP_1 相照应，VP_2 中表评述的部分作为更新成分。

一般重动句中，VP_2 的补语总是作为句子的更新成分。但是在特殊情况下，VP_2 也可以作为背景成分。这时，VP_1 多是疑问指称词。下面是我们在其他语料中发现的例子：

(d) 月容道："我吃人家的吃得太多了，现在也应该向人家还礼了。"老柳道："吃谁的吃得多了？"(张恨水《夜深沉》)

(二) 致使关系重动句

(a) 狄员外惟恐他娘子到了府里，没轻没重的打他，又怕他打那老婆打出事来，絮絮叨叨的只管嘱付。(《醒世姻缘传》第40回)

(b) 不是我拦着，窝心脚把你的肠子窝出来了。(《红楼梦》第20回)

(c) 逃去第三日在京口地界五更天已被截路人打闷棍打死了。(《红楼梦》第 69 回)

(d) 我合你做夫妇虽是不久,那恩爱比几十年的还自不同。我这病也生生是爱你爱出来的。(《醒世姻缘传》第 53 回)

作为致使关系的重动句的 SVP_1VP_2 构成原因-结果或者致使事件-被致使事件结构,存在两种情况:一种是如例(a)、例(b)和例(c),重动词 V 用在这里与上文 VP_1 相照应,VP_2 中表述结果的成分作为更新成分;另一种如例(d),致使结果已知,表示原因或者致使事件的 VP_1 作为对比成分。

我们在明清时期的其他语料中,发现了更多如例(d)的例句:

(e) 这些戏文都是你磕头磕出来的,请问你该不该做。(《肉蒲团》第 12 回)

(f) 舅太太方才的这番做作,原是和伍小姐吃寡醋吃出来的。(《九尾龟》第 110 回)

(三)让步关系重动句

(a) 处制那珍哥要叫皇天也叫不出了。(《醒世姻缘传》第 14 回)

(b) 八钱银子一班,叫吹手还叫不动。(《儒林外史》第 6 回)

(c) 阿弥陀佛,你来的好,且把那茶倒半碗我喝。渴了这半日,叫半个人也叫不着。(《红楼梦》第 77 回)

(d) 好个刘氏,做鬼也做个好鬼!(《西洋记》第 87 回)

(e) 你爷儿们放心去。我过的去往前过;如过不的,我也好不等俺公公婆婆回来告诉告诉?死也死个明白!(《醒世姻缘传》第 3 回)

(f) 我要做了狄相公,打不杀他,也打他个八分死!(《醒世姻缘传》第 73 回)

VP_1 和 VP_2 构成让步关系时,存在两种情况:一种如例(a)、例(b)和例(c),VP_1 中的成分作为语用尺度的最低点,作为对比成分;另一种如例(d)、例(e)和例(f),VP_1 和 VP_2 构成对比关系,VP_1 表示常规境地("做鬼""死""打不杀他"),VP_2 表示言者欲达境地("做个好鬼""死个明白""打他个八分死"),重动词 V 用在这里与上文 VP_1 相照应,VP_2 中的补语作为对比成分。

三、重动句标记焦点的特性

在句法上，重动词 V 照应 VP_1，导致 VP_1 被理解为背景，而 VP_2 中的补语作为更新成分或者对比成分；当 VP_2 中补语成分已知时，VP_1 整体作为对比成分；VP_1 也可以作为语用尺度的最低点。

在语义上，重动句标记 VP_2 中的成分作为焦点时，可以仅仅提示焦点或者表示量级强调；标记 VP_1 中的成分作为焦点时，可以表示排他限定或量级强调。

（一）标记 VP_2 中的成分

1. 仅仅提示焦点

（a）我来寻我们的姑娘的，找他总找不着。（《红楼梦》第 24 回）

（b）你办事办老了的，还记不得，倒来难我们。（《红楼梦》第 55 回）

2. 表示量级强调

（a）好个刘氏，做鬼也做个好鬼！（《西洋记》第 87 回）

（b）我要做了狄相公，打不杀他，也打他个八分死！（《醒世姻缘传》第 73 回）

（二）标记 VP_1 中的成分

1. 表示排他限定

我合你做夫妇虽是不久，那恩爱比几十年的还自不同。我这病也生生是爱你爱出来的。（《醒世姻缘传》第 53 回）

2. 表示量级强调

（a）八钱银子一班，叫吹手还叫不动。（《儒林外史》第 6 回）

（b）阿弥陀佛，你来的好，且把那茶倒半碗我喝。渴了这半日，叫半个人也叫不着。（《红楼梦》第 77 回）

四、重动句的来源

关于重动句的形成过程，很多学者开展过相关研究[①][②]。其中，赵林晓、杨荣祥[③]将近代汉语重动句分为五类，并对其来源做了非常细致的论述。下面的例句皆引自赵林晓、杨荣祥的论文。

第一类是 VP_1 作为次话题，VP_2 对前者进行评价或说明，如下面的例句：

(a) 自家先恁地浮躁，如何要发得中节！做事便事事做不成，说人则不曾说得着实。(《朱子语类》卷 120)

第二类是 VP_1 和 VP_2 按照事件发生的先后顺序在语段中先后出现，作为连动结构，如下面的例句：

(b) 善友既被签目损，连唤恶友名字："恶友！恶友！此有大贼，损我两目。"不知已先去矣。既唤不应，又更大声唱叫。(《敦煌变文校注》卷 5)

第三类是 VP_1 和 VP_2 依靠联结词组合在一起，形成纵予复句，如下面的例句：

(c) 这个土有四万七千年，就是刚钻钻他也钻不动些须，比生铁也还硬三四分。(《西游记》第 24 回)

第四类是 VP_1 带能愿动词，可独立成句，VP_2 陈述 VP_1 的结果或者其实现的可能性，如下面的例句：

(d) 因举《西域记》云："西天有贼，盗佛额珠，欲取其珠，佛额渐高，取不得。遂责云……"(《祖堂集》卷 10)

第五类是说话人对 VP_1 和 VP_2 的因果关系进行判定，构成致使类重动句，如下面的例句：

(e) (净) "既然死了，难道要你还我财礼？这也罢了，你因什么哑了？"(丑做摇手势介老旦) "因哭妹子就哭哑了。"(《古本戏曲丛刊

---

① 赵长才．动词拷贝结构"VOV 得 C"的形成过程 [J]．历史语言学研究，2016 (1)．

② 赵林晓，杨荣祥，吴福祥．近代汉语"VOV 得 C"重动句的类别、来源及历时演变 [J]．中国语文，2016 (4)．

③ 赵林晓，杨荣祥．近代汉语"VOV 得 C"重动句的来源及其分类 [J]．民族语文，2016 (4)．

（二集）·新刻出相点板樱桃记（明末刊本）》上卷）

(f) 为李猪儿首告："因射鹿，将刘伴叔误射伤身死，伊父刘福要讹人口、车牛、地土等物。"（《元典章·刑部》卷4）

五、小结

本节探讨了明清汉语中的重动句。

从共时的层面来说，明清汉语中的重动句主要用于四种环境，分别是一般重动句（包含"事件-结果"和"话题-评述"）、致使关系重动句和让步关系重动句。在一般重动句中，重动词V照应VP_1，VP_2中的补语作为更新成分；在致使关系重动句中，包含VP_2中的补语作为更新成分以及VP_1整体作为对比成分两种情况；在让步关系重动句中，存在VP_1和VP_2中的成分分别作为对比成分两种情况。重动句标记VP_2中的成分作为焦点时，可以仅仅提示焦点或者表示量级强调；标记VP_1及其内部的成分作为焦点时，可以表示排他限定或量级强调。

从历时的层面来说，VP_1来源于次话题、连动结构前项或者转折复句的前句等，本身就倾向于提供背景信息，因此在语法化后的重动句中，VP_1倾向于作为背景。

第二节　分裂结构

分裂结构包括分裂结构和准分裂结构：前者是指将一个单句分成两个部分，每个部分都有其所属的动词，大部分分裂句以一个空代词开始陈述，其后跟着动词be，然后是焦点所在的成分；后者指的是以名词性关系从句作为主语或者补语的SVC句式[①]。

本节所指的分裂结构是"是……的"式。在分裂结构中，关系从句倾向于与上文内容相照应，使句子形成"［是＋焦点］＋［背景＋的］"的句子结构划分。

---

① Quirk R, Leech S G, Svartvik J. A Grammar of Contemporary English［M］. London: Longman, 1972.

一、以往对分裂结构的研究

（一）类型学下分裂结构的研究

分裂结构中，限定性关系关系从句在语义层面通常提供关于 CA（主句和从句的共享论元）的信息，帮助焦点化或者限定 CA 的所指；非限定性从句提供关于已经被唯一识别的 CA 的背景信息，即关系从句通常被认为提供背景信息[①]。

于分裂结构而言，Collins[②]给出定义，认为英语中的分裂结构是一种等价结构（identifying construction），表述了突出成分（被关系从句修饰的核心名词）与关系从句之间的同一性。通常情况下，等价结构是可逆的，但是分裂结构是一种例外。在这里，谓语的结构设置，即判断语作为非指称主语 it 的补语，阻止了可逆性。他指出，分裂结构中的无标记信息焦点位置是在突出成分，但也存在例外，并由此将分裂结构分为了以下三种类型。

在第一类中，分裂结构整体拥有一个单独的语调，突出成分作为焦点，有些时候关系从句可以省略，这是最常见的一种情况。突出成分与关系从句的性质可以归纳为四种：新/给定，对比/给定，新/可推知，对比/可推知。

在第二类中，分裂结构有一个短的突出显示成分，无论直接或是间接唤醒，其都为关系从句中新信息的呈现提供了环境。突出成分和关系从句的性质可以归纳为四种：给定/新，给定/对比，可推知/新，可推知/对比。

在第三类中，分裂结构通常有一个或多个间接附加语作为突出成分，并且大部分命题内容都在关系从句中。这一类分裂结构主要反映新信息，主要发生在语篇的初始阶段，当然也存在潜在的可能分布在语篇的初始阶段。突出成分和关系从句的性质可以归纳为四种：新/新，新/对比，对比/新，对比/对比。

于准分裂结构而言，Collins 给出定义，认为英语中的准分裂结构是一种等价结构，表达了被认为是突出的成分与关系从句之间的同一关系，基本准分裂句（关系从句在前）的关系从句有一个很强的背景角色，这源于它作为一

---

① Dixon R M W. Basic Linguistic Theory（Volume 1）［M］. London：Oxford University Press，2009；Dixon R M W. Basic Linguistic Theory（Volume 2）［M］. London：Oxford University Press，2009；Dixon R M W. Basic Linguistic Theory（Volume 3）［M］. London：Oxford University Press，2009.

② Collins P C. Cleft and Pseudo-Cleft constructions in English［M］. London：Routledge，1991.

个嵌入的名词性从句，表达一个预设并且占据主位，言者可以（也许比其他任何英语结构都容易）在关系从句中呈现“可假设”的信息，尽管这种呈现并不是在文本或情境中出现，言者使用准分裂句要求听者必须承担关系从句信息的背景性。基本准分裂结构是一种特殊的交际风格，言者对听者意识中的概念做出假设，并不是源于作为给定的特殊形式的表达，而是源于给定（带有预设）的功能和其在一个加强的等同结构语境中作为主位的句法依赖性的结果。倒装准分裂句（关系从句在后）则与基本准分裂句相反，突出成分作为主位而关系从句作为述位，这里关系从句通常包含句子中新信息的要点，典型的给定突出成分通常是文本回指的，无法拥有像基本准分裂句中关系从句的先行词那样的多样性。

（二）汉语中分裂结构的研究

在现代汉语中，与准分裂结构类似的是“DJ 的＋是＋M”[①] 结构。

朱德熙对这类判断句型进行了分析，指出：① DJ 主要为单向、双向或三向动词，动词“向”的数目与 DJ 里出现的主语和宾语的总数之差决定句子意义的解释总类；② M 是 DJ 的潜主语或潜宾语；③ 该句型的性质为等同，认为“DJ 的人”（或事、事态等）与 M 之间具有同一性[②]。

方梅讨论了“SVP 的是 NP”格式，认为这类句式只有带上对比重音后，才可以成为对比焦点句[③]。

张峰辉、周昌乐对语料进行分析后得出结论，即绝大多数的 DJ 为双向动词的主动式，绝大多数的 M 为名词短语，其中大部分为潜宾语，他们进一步指出，该类结构标示 M 作为焦点，包含信息焦点和对比焦点[④]。

祁峰指出，评价性话语标记“X 的是”与后面的句子“Y”形成一个凸显焦点信息结构的构式“X 的是，Y”，标记其后面的“Y”作为全新的信息焦点[⑤]。

二、分裂结构的使用情况

在明清汉语中，主要存在三种类型的分裂结构，分别是典型分裂结构

---

① DJ 即动词结构，M 即名词。

② 朱德熙．“的”字结构和判断句［J］．中国语文，1978（1）（2）．

③ 方梅．汉语对比焦点的句法表现手段［J］．中国语文，1995（4）．

④ 张峰辉，周昌乐．“DJ＋的是＋M”的焦点和预设分析［J］．语言研究，2008（2）．

⑤ 祁峰．“X 的是”：从话语标记到焦点标记［J］．汉语学习，2011（4）．

（是＋X＋VP 的）、基本准分裂结构（VP 的＋是＋X）以及倒装准分裂结构（NP＋是＋X＋VP 的）。

（一）典型分裂结构

（a）我这头，原来是师父咒我的。（《西游记》第 14 回）

（b）元来原该是今日开的。（《初刻拍案惊奇》第 14 回）

（c）何苦自寻烦恼。都是颦儿引的你，我和他算帐去。（《红楼梦》第 48 回）

（d）这又奇了，你方才不是这个样儿见的我么？难道我不是个人不成？（《儿女英雄传》第 8 回）

典型分裂结构“是＋X＋VP 的”存在两种情况：一种情况如例（a）和例（b），“的”在句末；另一种情况如例（c）和例（d），“的”在句中。无论是哪种情况，X 都是作为对比成分。

关于这两个“的”，学界存在两种不同的处理方式。一种处理方式将这两个“的”统一为一个，包含统一认定为结构助词（参见朱德熙①的研究）、语气词（参见黄伯荣、廖序东②，李讷等③，木村英树④，熊仲儒⑤的研究）；另一种处理方式则认为应该将这两个“的”分开，例如，袁毓林就认为，“的”在句末是结构助词，在句中是语气词⑥。我们认为，应该将这两个“的”统一处理为语气词，因为如果将句中“的”处理为结构助词，则“SV 的”作为 O 的修饰语，那么这就是一个判断结构而非一个强调结构，不符合句式整体义。

而关于句中“的”的形成，存在两种观点：一种认为是主语后置（参见朱德熙的研究）或宾语后置（参见赵元任⑦的研究），另一种认为是“的”自身前移（参见李讷等，木村英树，袁毓林的研究）。杉村博文则认为，句中的“的”，

---

① 朱德熙．“的”字结构和判断句［J］．中国语文，1978（1）（2）．

② 黄伯荣，廖序东．现代汉语［M］．北京：高等教育出版社，1977：48-49．

③ 李讷，安珊笛，张伯江．从话语角度论证语气词“的”［J］．中国语文，1998（2）．

④ 木村英树．“的”字句的句式语义及“的”字的功能扩展［J］．中国语文，2003（4）．

⑤ 熊仲儒．“是……的”的构件分析［J］．中国语文，2007（4）．

⑥ 袁毓林．从焦点理论看句尾“的”的句法语义功能［J］．中国语文，2003（1）．

⑦ 赵元任．汉语口语语法［M］．北京：商务印书馆，1979．

即“V 的（O）”，是“V 了（O）”的承指形式[①]。

（二）基本准分裂结构

（a）御弟哥哥，长嘴大耳的是你那个高徒？（《西游记》第 54 回）

（b）陛下用的还是传国玺。（《西洋记》第 11 回）

（c）给你银子的时候是几时？（《醒世姻缘传》第 47 回）

（d）你们大家自然都要见见这位护送你们去的人是怎样一个英雄。（《儿女英雄传》第 10 回）

基本准分裂结构“VP 的＋是＋X”，结构助词“的”作为关系化标记构建关系从句结构“VP 的”，“是”作为系词属于句子的谓语核心，用在关系从句“VP 的”和核心成分 X 之中构建等同关系。基本准分裂结构同样存在两种情况：第一种情况如例（a）和例（b），关系从句“VP 的”属于无核关系从句，系词“是”表示关系从句的所指与 X 具有等同关系；第二种情况如例（c）和例（d），关系从句“VP 的”属于有核关系从句，系词“是”表示关系从句修饰的核心名词与 X 具有等同关系。

无论是哪一种情况，基本准分裂结构的焦点都是落在“是”后的 X 上。

（三）倒装准分裂结构

（a）原来这个寺不是一朝一代盖造的，是周显德中盖造的。（《西洋记》第 2 回）

（b）这信是我妻接到的，也未问他是何人。（《跻春台·白玉扇》）

（c）王神姑仔仔细细打一看，原来是上黄铜打成的一个小小钵盂儿。（《西洋记》第 42 回）

（d）如今县里据着江都县缉捕的文书在这里拿人，说他是宋盐商家逃出来的一个妻。（《儒林外史》第 41 回）

倒装准分裂结构“NP＋是＋X＋VP 的”，结构助词“的”作为关系化标记，构建关系从句“X＋VP 的”，系词“是”作为谓语核心，构建 NP 与关系从句“X＋VP 的”之间的同一关系。倒装准分裂结构分为两种情况：第一类如例（a）和例（b），“X＋VP 的”作为无核关系从句单独构成“是”的后项，这类结构中

---

① 杉村博文．“的”字结构、承指与分类［C］//江蓝生，侯精一．汉语现状与历史的研究．北京：中国社会科学出版社，1999：47-66.

的“是”有演化为前置型焦点结构的倾向，“的”有演化为语气词的倾向；第二类如例（c）和例（d），“X＋VP的”后面存在核心名词，“的”只能作为结构助词。

三、分裂结构标记焦点的特性

典型分裂结构中，“是”后为一个语义自足的命题，“是”作为前置型焦点结构，“的”作为语气词。

基本准分裂结构中，“是”作为系词连接前后两项表示等同或类属关系，“的”作为结构助词（关系化标记）。

倒装准分裂结构中，无核关系从句中的“是”存在系词和前置型焦点结构的双重理解，“的”存在结构助词或语气词的双重理解。

在分裂结构中，“VP的”作为关系从句，倾向于与上文成分相照应，作为句子的背景。但是，在典型分裂结构“是＋X＋VP的”与无核关系从句构成的倒装准分裂结构“NP＋是＋X＋VP的”中，如果“是”直接连接“VP的”，此时“VP的”不具备照应性，而是作为句子的焦点，如下面的例句：

（a）师父莫怕他，他是送衣服与我的。（《西游记》第14回）

（b）天师道：“和尚的桃子，敢是偷得我的？”长老道：“是我拾将来了。”（《西洋记》第12回）

从这个意义上看，分裂结构标记焦点源于“是”，句子中焦点的位置取决于“是”的位置。但是分裂结构可以脱离“是”而存在，如下面的例句：

（c）西门庆道：“你安老爹书几时到的？”（《金瓶梅》第66回）

（d）妇人道：“他几时起身。”光棍道：“是三月初三。”妇人道：“你几时到的？”光棍道：“前月二十八。”（《型世言》第26回）

因此，我们将分裂结构归为背景标记型焦点结构，关系从句“VP的”常常表示对上文的照应，如下面的例句：

（e）看时，不知是甚人打这一个弹子来花园里架。太尉道：“叵耐这厮，早是打在亭柱上，若打着我时，却不利害！”叫众人看是谁人打入来的？（《三遂平妖传》第11回）

（f）那婆婆喜哈哈的道：“你们在那边河里吃水来？”行者道：“是在此东边清水河吃的。”（《西游记》第53回）

(g) 只见门上搭着扭儿，疑道："这外面是谁搭上的？又来奇怪了！"（《二刻拍案惊奇》第9回）

四、分裂结构的历时演变

我们通常认为，典型分裂结构是由准分裂结构，尤其是倒装准分裂结构演变而来的。太田辰夫认为，"V的O"多能补出"是"，当为同动词句中采用了"是……的"这种形式的句子的变相，"的"属于"底"字系统，因此该类结构来源于"的（底）"字结构构成的判断句[①]；刘敏芝则指出，宋代只有两类焦点结构"M是DJ的"和"DJ的是M"，在前者尤其是"$M_{施事}$是DJ的"中，演变出"SV的O"，她指出，M和DJ之间是潜在的主谓关系，当二者都处于宾格且"DJ的"是双向或三向动词时，方能发生演变[②]；肖小平、龙海平认为，该类格式源于"R是SV的（底）O"式和"NP是SV的（底）O"式，二者均通过系词"是"的焦点化和施事成分的话题化形成[③]；张磊、杨荣祥对"（是）SV的O"句式的来源做了探讨，指出当系词"是"的主语与O不构成同指关系时，系词"是"的判断意义发生变化并演变为焦点标记[④]。Zhan和Traugott则论证了倒装准分裂结构的形成，认为该类句式源于普通的系词构式"NP_i＋是＋NP_j"，"者""的"可以用在谓语位置上作为名物化标记，并扩展至系词构式中，形成"NP_I＋是＋[XP的]$_j$"[⑤]。

还有一种观点则认为这类结构中的"的"来源于"了"。王光全指出，"了"原本可以承担现代汉语中"是……的"的全部功能，包括表示过去动作发生的时间、地点、方式等，以及用于表示动作已经发生或完成。在《金瓶梅》中，"了"的功能产生了分化：表示已然义时，由"了"承担；表示已然事件的时

---

① 太田辰夫．中国语历史文法［M］．蒋绍愚，徐昌华，译．北京：北京大学出版社，1987．

② 刘敏芝．汉语结构助词"的"的历史演变研究［M］．北京：语文出版社，2008．

③ 肖小平，龙海平．从判断句前件扩展看"（NP）是SV的O"句式的形成［J］．汉语学习，2012（1）．

④ 张磊，杨荣祥．焦点句式"（是）S＋V＋的＋O"的来源及相关问题［J］．语文研究，2019（1）．

⑤ Zhan Fangqiong，Traugott E C. The Constructionalization of the Chinese Cleft Construction［J］．Studies in Language，2015，39（2）．

间、地点、方式等时，则用“的”①。李伟大则认为，汉语受到蒙古语的影响，“动了宾”格式得到普及并出现“动的宾”格式，随着二者分工的细化和使用频率的增加，“（是）……的”构式最终形成②。

我们认为，典型分裂结构是由倒装准分裂结构演变而来的。“的”位于句尾的分裂结构，来源于“的”在句尾的倒装准分裂结构；“的”位于句中的分裂结构，来源于“的”在句中的倒装准分裂结构，即“A＋是＋SVO 的”演变为“是＋SVO 的”，“A＋是＋SV 的 O”演变为“是＋SV 的 O”③。下面分别讨论。

（一）“的”位于句尾的分裂结构来源

朱德熙指出，“的”可以加在由谓词组成的各类谓词性结构后表示转指，可以指动作的施事，也可以指受事、与事、工具等，即“的”可以用在表示转指的“VP 的”中④，如下面的例句：

（a）莫将浮贿施为，非是菩萨行藏，此是俗门作底。（《敦煌变文集新书》卷 2）

（b）财（裁）成”是截做段子底，“辅相”是佐助他底。（《朱子语类》卷 70）

“的”的用法进一步扩展，不仅可以用在表示转指的“VP 的”中，也可以用在表示自指的“VP 的”中，如下面的例句：

（c）学者须是有如此规模，却是自家本来合如此，不如此便是欠了他底。（《朱子语类》卷 17）

（d）若只据自家以为有便有，无便无，如此却是私意了。这个乃是自家欠了他底，盖是自家空在这里祭，诚意却不达于彼，便如不曾祭相似。（《朱子语类》卷 34）

---

① 王光全．过去完成体标记“的”在对话语体中的使用条件［J］．语言研究，2003（4）．

② 李伟大．语言史研究要尊重语言事实——以“（是）……的”句的“语法化”为例［J］．文史天地理论月刊，2013（3）．

③ 首先，这里的 O 指的是所有可以用在 V 后的成分，包括广义上的宾语和狭义上的宾语；其次，“的”在语料中可能表述为“底”，本书对这两个词并不做出区分，而是将其作为一个词看待。

④ 朱德熙．自指和转指——汉语名词化标记“的、者、所、之”的语法功能和语义功能［J］．方言，1983（1）．

“（自家）是欠了他底”并不是指欠了他什么东西，而是单纯指“不这样做这种行为的本质是欠了他”（只据自家以为有便有，无便无），这个行为本质是自家欠了他。“VP 的”指的就是 VP 本身。

当“是”不用作系词时，“的”更加失去其指代性，进一步虚化，如下面的例句：

(e) 问：“太宰初以多能为夫子之圣。子贡所答方正说得圣人体段。夫子闻之数语，却是谦辞，及有多能非所以率人之意。”曰：“固是子贡说得圣人本分底。圣人所说乃谦辞。”（《朱子语类》卷 36）

(f) 尔若参得透去，见他恁么如寻常人说话一般，多被言语隔碍，所以不会。唯是知音方会他底。（《佛果圆悟禅师碧岩录》）

例（e）和例（f）都是“是”位于句首的情况。我们在第三章讨论过，“是”也可以位于句中，即主语成分提升至“是”前；“是”后还可以是其他成分，如下面的例句：

(g) 知州道：“你丈夫是甚么时候去的？那张千、李万几时来回复你的说话？”（明《沈小霞相会出师表》）

(h) 就是师生也该坐的，坐下来好说话。前日也有几个门生，都是坐着谈的。（明《魏阉全传》）

(二)“的”位于句中的分裂结构来源

张磊、杨荣祥详细探讨了“是＋SV 的 O”这类结构的来源[①]。

“是”可以用在话题 A 和述题“SV 的 O”之间构建等同关系，如下面的例句：

(a) 三藏闻言，害怕道：“是他们放的火么？”（《西游记》第 16 回）

(b) 他家大娘子，也是我说的媒人。（《金瓶梅词话》第 3 回）

当“是”后的述题作为一个语义自足的命题时，“是”可以被重新分析为对其后 S 表示标记的助动词，“SV 的 O”中的 V 可以提升为句子的主要动词，如下面的例句：

① 张磊，杨荣祥．焦点句式“（是）S＋V＋的＋O”的来源及相关问题［J］．语文研究，2019（1）．

(c) 太守拿上借票来看，问朱三道：“可是你写的票?”朱三道：“是小的写的票，却不曾有银子的。”(《二刻拍案惊奇》第10回)

(d) 你说与他为子，是你自己发的愿。(《醒世姻缘传》第22回)

例(c)中，“借票”作为系词“是”的主语A，与关系从句“SV的O”的核心成分同指，即“(这张)借票就是小的写的票”；但同时“SV的O”语义自足，“是”后可以被重新分析为一个语义自足的命题，表述上文已经发生的事件，即“小的写了票”，“是”可以被重新分析为一个对其后S表示标记的助动词，“V的O”中的V提升为句子的主要动词。

例(d)中，“与他为子”整体作为系词“是”的主语A，与关系从句“SV的O”的核心成分同指，即“与他为子是你自己发的愿”；但同时“SV的O”语义自足，“是”后可以被重新分析为一个语义自足的命题，表述上文已经发生的事件，即“你自己发了愿”，“是”可以被重新分析为一个对其后S表示标记的助动词，“V的O”中的V提升为句子的主要动词。

张磊、杨荣祥对可以进入“是+SV的O”格式的动词V进行了详细的分析，V可以划分为五类，分别是“起意”类、“做事”类、“与饭”类、“射伤虎/惹来祸”类和“气他”类。在前四类中，宾语O可以看作动词V的修饰对象；而在最后一类“气他”类(包含“气他”“治我”“引你”“害我”“兴他”“宠他”)中，宾语O只能被理解为动词V的支配对象，V作为句子的主要动词，“是”产生语法化，如下面的例句：

(e) 都是你气的他，中风不语了。(《金瓶梅词话》第21回)

(f) 二奶奶倒没说的，只是那淫妇治的我。(《红楼梦》第44回)

张磊、杨荣祥是就S作为主语成分做出论述，事实上，“是”后还可以是其他成分，如下面的例句：

(g) 客人只这两位，是昨日中饭时上的船，来时一盆净面热水。(明吴炳《绿牡丹》)

(h) 吐指头就拉胳膊，江城说打不的，是你从头里灶的我。(《聊斋俚曲集》)

可以看到，在倒装准分裂结构中，“是”的辖域是其后整个小句“SVO的”/“SV的O”，但是在典型的分裂结构中，“是”的辖域则是S。事实上，语料中仍然存在“是”与焦点之间被其他成分隔开的情况。我们认为，“是”的辖域的变化是距离象似性作用的结果，当“是”后由一个简单成分扩展为一个复杂成分时，不仅会导致“是”的性质发生改变，而且会导致“是”倾向于选择紧邻其后的成分作为其辖域。汉语中的被动标记“被”就是一个很典型的例子。

五、小结

本节探讨了明清汉语中的分裂结构“是……的”。

从共时的层面来说，明清汉语中的分裂结构“是……的”主要存在三种类型，分别是典型分裂结构、基本准分裂结构与倒装准分裂结构。在典型分裂结构中，“的”可以位于句中，也可以位于句末，“是”作为前置型焦点结构，“的”或者处在句末，或者处在句中动宾之间；在基本准分裂结构中，系词“是”构建判断关系，“的”作为结构助词；在倒装准分裂结构中，连接无核关系从句的“是”具有演化为前置型焦点结构的倾向，“的”具有演化为语气词的倾向。

从历时的层面来说，典型分裂结构由准分裂结构语法化而来。典型分裂结构中，“的”可能处在句末，也可能处在句中。句末的“的”来源于无核关系从句中的关系化标记“的”，处在句末的“的”失去其指代性，演变为语气词；句中的“的”来源于有核关系从句的关系化标记“的”，处在动宾之间的“的”由于动词语义变化而失去修饰性，演变为语气词。

第六章
结语

本书主要探讨了明清汉语中的焦点结构，选取了现代汉语中存在的典型焦点结构“是”、“只”、“就”、“才”、连字结构、重动句和分裂结构，以及明清汉语中较为特殊的“VP 的是”“VP 便是”和“VP 罢了”，全面考察了这些结构在明清汉语中的使用情况以及标记焦点的特性，并且从历时演变的角度探讨了各类焦点结构的来源。主要研究工作及结论如下。

首先，本书对焦点结构进行了界定与重新分类。本书是在类型学的视角下将焦点结构界定为将句中某一成分与其他成分区分开的结构，这个被区分开的成分就是言者要表述的句子焦点。本书创新了分类方法，从焦点结构所处的逻辑位置，将焦点结构分为前置型焦点结构、后置型焦点结构、连接型焦点结构以及背景标记型焦点结构，为更进一步研究提供了分类的框架基础。经过考察，各类焦点结构存在明显区别。

前置型焦点结构在句法上具有浮动性，在语义上表示排他或限定，如“是”“只”以及作为前置型焦点结构的“就”“才”。

后置型焦点结构在句法上常位于句末，在语义上暗含取舍，如句末的“的是”“便是”“罢了”。

连接型焦点结构在句法上连接两个成分，在语义上存在多种类型，如“就”的仅提示焦点与量级限定，“才”的排他限定与量级限定，连字结构的量级强调等。

背景标记型焦点结构中存在提示句中某一成分作为背景的成分，如重动句的重动词、分裂结构的“的”。

其次，本书重点描写了明清焦点结构的使用面貌和特征，对各类焦点结构在明清汉语中的使用以及标记焦点的特性进行了全面考察。

最后，本书从历时演变的角度对各类焦点结构的来源进行了考察。各类焦点结构出现的顺序分别是：前置型焦点结构“才”“是”“只”产生于中古汉语中；连接型焦点结构“才”和“就”，背景标记型焦点结构和重动句产生于唐五代；前置型焦点结构“就”产生于宋代汉语中；后置型焦点结构“的是”产生于唐五代，“的”对“底”进行替代后，在元代汉语中产生，并最终在清代汉语中消亡；背景标记型焦点结构中的分裂结构产生于宋代，“的”对“底”进行替换后，在明代汉语中产生；后置型焦点结构“便是”和“罢了”产生于元明汉语中，“便是”在清代汉语中逐渐被其他后置型焦点结构替代，“罢了”则一直沿用至现代汉语。

由于笔者能力有限，本书也存在一些不足之处，具体表现在以下方面。

一是理论深度不够，以至于一些分析比较表面，未能深入。

二是历时研究深度不够。本书只是对明清汉语中的这几类焦点结构进行了探源，未能将演变动因描写得十分清楚。

三是研究未能完全展开，一些焦点结构未能进入我们的研究。按照我们的分析，“都”可以用作前置型焦点结构，也可以用作连接型焦点结构，但是本书并没有涉及“都”。本书的研究重点是各类焦点结构之间的差别，缺乏对于各类焦点结构之间联系的梳理，例如，“就”和“才”都既可以作为前置型焦点结构，又可以作为连接型焦点结构，这两类焦点结构之间的联系是怎样的？“是”作为前置型焦点结构，“便是”作为后置型焦点结构，这两类焦点结构之间的联系又是怎样的？二者是不是互补分布？笔者未来会将把弥补这些不足作为后续研究的重点方向。

参考文献

[1] Badan L, Del Gobbo F. The Even-Construction and the Low Periphery in Mandarin Chinese [C] //Tsai D. The Cartography of Chinese Syntax. Oxford: Oxford University Press, 2015.

[2] Beaver D, Clark B. "Always" and "Only": Why not All Focus Sensitive Operators Are Alike [J]. Natural Language Semantics, 2003 (11): 323-362.

[3] Bos J. The Treatment of Focusing Particles in Underspecified Discourse Representations [J]. Bosch P, Van der Sandt R. Focus: Linguistic, Cognitive, and Computational Perspectives. London: Cambridge University Press, 1999.

[4] Collins P C. Cleft and Pseudo-Cleft Constructions in English [M]. London: Routledge, 1991.

[5] Dixon R M W. Basic Linguistic Theory (Volume 3) [M]. London: Oxford University Press, 2009.

[6] Downing L J. The Prosody of Focus in Bantu Language [R]. International Conference on Tone and Intonation, Santorini, 2004.

[7] Payne D L. Verb Initial Language and Information Order [C] // Downing P, Nooan M. Word Order in Discourse. Amsterdam/Philadelphia: John Benjamins, 1995.

[8] Drubig H B. Towards a Typology of Focus and Focus Constructions [D]. Tübingen: University of Tübingen, 2003.

[9] Kiss K É. Discourse Configurational Languages [M]. Oxford/New York：Oxford University Press，1995.

[10] Kiss K É. Identificational Focus versus Information Focus [J]. Language，1998，74 (2)：245-273.

[11] Erteschik-Shir N. The Dynamics of Focus Structure [M]. London：Cambridge University Press，1997.

[12] Givón T. Syntax：A Functional-Typological Introduction [M]. Amsterdam：John Benjamins，1990.

[13] Sgall P. Contribution to Functional Syntax：Semantic and Language Comprehension [M]. Amsterdam：John Benjamins，1984.

[14] Halliday M A K. Notes on Transitivity and Theme in English：Part 2 [J]. Journal of Linguistics，1967，3 (1)：194-244.

[15] Halliday M A K. An Introduction to Functional Grammar [M]. London：Edward Arnold，2004.

[16] Harris A C，Campell L. Historical Syntax in Cross-Linguistic Perspective [M]. Cambridge：Cambridge University Press，1995.

[17] Heine B，Claudi U，Hünnemeyer F. Grammaticalization：A Conceptual Framework [M]. Chicago：University of Chicago Press，1991.

[18] Heine B，Reh M. Grammatical and Reanalysis in African Languages [M]. Hamburg：Helmut Buske，1984.

[19] Kempson R M，Kiaer J，Cann R. Topic and Focus at the Peripheries：The Dynamics of Tree Growth [C] // Shaer B，Maienborn W. Proceedings of the Dislocated Elements Workshop. Berlin：Zentrun für Allgemerine Sprachwissens chaft，2004.

[20] Kim A. Preverbal Focusing and Type XXIII Languages [C] //Hammond M，Moravcsik E A，Wirth J. Studies in Syntactic Typology. Amsterdam/Philadelphia：John Benjamins，1988

[21] König E. The Meaning of Focus Particles：A Comparative Perspective [M]. London/New York：Routledge，1991.

[22] Lambrecht K. Information Structure and Sentence Form [M]. Cambridge：Cambridge University Press，1994.

[23] Lee P P. Focus Manifestation in Mandarin Chinese and Cantonese [M]. London/New York：Routledge，2019.

[24] Partee B H. Topic and Focus and Quantification [C] //Moore S, Wyner A. Proceedings from SALT 1. Ithaca: Cornell Working Papers in Linguistics, 1991.

[25] Prince E F. Toward a Taxonomy of Given-New Information [C] //Cole P. Radical Pragmatics. New York: Academic Press, 1981.

[26] Rochemont M. Focus in Generative Grammar [M]. Amsterdam: John Benjamins, 1986.

[27] Rooth M. Association with Focus [D]. Amherst: University of Massachusetts, 1985.

[28] Rooth M. A Theory of Focus Interpretation [J]. Natural language Semantics, 1992 (1): 75-116.

[29] Lappin S. The Handbook of Contemporary Semantic Theory [M]. London: Blackwell Publishers, 1995.

[30] Vallduvi E. The Information Component [M]. Philadelphia: University of Pennsylvaia, 1992.

[31] Van Valin R D, Lapolla R J. Syntax: Structure, Meaning and Function [M]. New York: Cambridge University Press, 1997.

[32] 蔡维天．谈“只”与“连”的形式语义 [J]．中国语文，2004 (2)：99-111.

[33] 方梅．汉语对比焦点的句法表现手段 [J]．中国语文，1995 (4)：279-288.

[34] 冯春田．近代汉语语法研究 [M]．济南：山东教育出版社，2000.

[35] 胡建华．焦点与量化 [C] //程工，刘丹青．汉语的形式与功能研究．北京：商务印书馆，2009.

[36] 胡亚．“连 XP 都/也 VP”构式的分类层级和原型效应 [J]．语言教学与研究，2018 (4)：56-68.

[37] 江蓝生．“VP 的好”句式的两个来源——兼谈结构的语法化 [J]．中国语文，2005 (5)：387-298.

[38] 蒋静忠，魏红华．焦点敏感算子“才”和“就”后指的语义差异 [J]．语言研究，2010 (4)：43-50.

[39] 雷冬平．语气助词“便是”的语法化及相关结构研究 [J]．语言教学与研究，2007 (2)：85-90.

[40] 李宗江．“即、便、就”的历时关系［J］．语文研究，1997（1）：24-29.

[41] 李宗江．近代汉语完成动词向句末虚成分的演变［C］//中国社会科学院研究所．历史语言学研究（第一辑）．北京：商务印书馆，2008.

[42] 刘丹青．作为典型构式句的非典型“连”字句［J］．语言教学与研究，2005（4）：1-12.

[43] 刘丹青．语法调查研究手册［M］．2 版．上海：上海教育出版社，2017.

[44] 刘丹青，徐烈炯．焦点与背景、话题及汉语“连”字句［J］．中国语文，1998（4）：243-252.

[45] 刘林．现代汉语焦点标记词研究［D］．上海：复旦大学，2013.

[46] 刘顺，潘文．“便是（了）”的词汇化与语法化——兼论语气词“就是（了）”的形成［J］．语言科学，2014（1）：66-73.

[47] 刘莹，李宝伦．穷尽性还是对比性？——从英语分裂句看汉语焦点类“是”字句的语义［J］．外语教学与研究，2019（5）：677-688.

[48] 鲁晓琨．焦点标记“来”［J］．世界汉语教学，2006（2）：20-30.

[49] 吕叔湘．现代汉语八百词［M］．北京：商务印书馆，1999.

[50] 马碧．类型学视角下的汉语焦点结构研究［D］．武汉：湖北大学，2021.

[51] 朴正九．从类型学视角看汉语形容词谓语句的信息结构［J］．中国语文，2016（4）：387-396.

[52] 祁峰．现代汉语焦点研究［M］．北京：中西书局，2014.

[53] 杉村博文．“的”字结构、承指与分类［C］//江蓝生，侯精一．汉语现状与历史的研究．北京：中国社会科学出版社，1999.

[54] 沈园．焦点的音系、语义和语用——焦点研究的新视野［J］．当代语言学，2011（3）：237-246.

[55] 石飞，句末“就是了”的话语立场与话语功能［J］．汉语学习，2019（6）：39-46.

[56] 石毓智．论判断、焦点、强调与对比之关系——“是”的语法功能和使用条件［J］．语言研究，2005（4）：43-53.

[57] 石毓智，李讷．汉语语法化的历程——形态句法发展的动因和机制［M］．北京：北京大学出版社，2001.

[58] 石毓智，徐杰．汉语史上疑问形式的类型学转变及其机制——焦点标记“是”的产生及其影响［J］．中国语文，2001（5）：454-465.

[59] 孙成娇．汉语话题结构的动态句法［D］．杭州：浙江大学，2019.

[60] 孙锡信．“即、便、就”虚化过程中的错项移植［C］//复旦大学汉语言文字学科．语言研究集刊（第二辑）．上海：上海辞书出版社，2005.

[61] 孙锡信．近代汉语语气词——汉语语气词的历史考察［M］．北京：语文出版社，1999.

[62] 唐小微，李小军．限定副词来源探析［C］//中国社会科学院语言研究所．历史语言学研究（第十辑）．北京：商务印书馆，2016.

[63] 王灿龙．“连”字句的焦点与相关的语用问题［C］//中国社会科学院语言研究所《中国语文》编辑部．庆祝《中国语文》创刊50周年学术论文集．北京：商务印书馆，2004.

[64] 王建军．粘合·移位·虚化·替换——语气词“便是（了）”到“就是”的演化历程［J］．古汉语研究，2006（4）：36-41.

[65] 王力．汉语史稿［M］．北京：中华书局，1958［1980］.

[66] 王群．现代汉语副词“才”和“就”时间表达的比较研究［J］．现代语文，2005（3）：59-60.

[67] 熊仲儒．“是……的”的构件分析［J］．中国语文，2007（4）：321-330，383.

[68] 熊仲儒．连字句的制图分析［J］．现代外语，2017（4）：439-450.

[69] 徐杰，李英哲．焦点和两个非线性语法范畴：“否定”“疑问”［J］．中国语文，1993（2）：81-92.

[70] 徐烈炯．焦点的不同概念及其在汉语中的表现形式［J］．现代中国语研究，2001（3）：1-22.

[71] 徐烈炯．语义焦点［C］//《东方语言学》编委会，上海师范大学语言研究所．《东方语言学》（第一辑）．上海：上海教育出版社，2006.

[72] 徐烈炯，刘丹青．话题的结构与功能［M］．上海：上海教育出版社，2018.

[73] 徐烈炯，潘海华．焦点结构和意义的研究［M］．北京：外语教学与研究出版社，2005.

[74] 杨荣祥．近代汉语副词研究［M］．北京：商务印书馆，2005.

[75] 殷何辉．焦点敏感算子“只”的语义分析［D］．北京：北京大学，2007.

[76] 袁毓林．论否定句的焦点、预设和辖域歧义［J］．中国语文，2000（2）：99-108.

[77] 袁毓林．从焦点理论看句为“的”的句法语义功能［J］．中国语文，2003（1）：3-16.

[78] 袁毓林．句子的焦点结构及其对语义解释的影响［J］．当代语言学，2003（4）：323-328.

[79] 袁毓林．“都”的语义功能和关联方向新解［J］．中国语文，2005（2）：99-109.

[80] 袁毓林．试论“连”字句的信息结构特点——兼论“都”的右向约束功能的形成机制［J］．语言科学，2006（2）：14-28.

[81] 袁毓林．反预期、递进关系和语用尺度的类型——“甚至”和“反而”的语义功能比较［J］．当代语言学，2008（2）：109-121.

[82] 袁毓林．汉语句子的焦点结构和语义解释［M］．北京：商务印书馆，2011.

[83] 袁毓林．论“连”字句的主观化表达功能——兼论几种相关的“反预期”和“解-反预期”格式［C］//吴福祥．汉语主观性与主观化研究．北京：商务印书馆，2011.

[84] 赵林晓，杨荣祥．近代汉语“VOV 得 C”重动句的来源及其分类［J］．民族语文，2016（4）：15-25.

[85] 张峰辉，周昌乐．“DJ＋的是＋M”的焦点和预设分析［J］．语言研究，2008（2）：90-94.

[86] 张军．汉藏语系语言判断句研究［M］．北京：中央民族大学出版社，2005.

[87] 张俊阁．汉语语气词“罢了”源流探究［C］// 北京大学汉语语言学研究中心《语言学论丛》编委会．语言学论丛（第 29 辑）．北京：商务印书馆，2021：304-326.

[88] 张琨．限定性范围副词“就”、“才”、“光”的历时演变研究［D］．北京：北京师范大学，2012.

[89] 张磊，杨荣祥．焦点句式“（是）S＋V＋的＋O”的来源及相关问题［J］．语文研究，2019（1）：8-16.

[90] 张丽丽．试论纵予连词“即”、“便”、“就”的形成［J］．台大文史哲学报，2009（71）：99-145.

[91] 张丽丽．从回指到承接——试论“就”与“即”承接功能的来源 [J]. 台大文史哲学报，2012 (38)：309-358.

[92] 张丽丽．“即”、“便”、“就”时间副词功能的形成 [J]. Language and Linguistics，2015 (2)：139-168.

[93] 张全生．现代汉语焦点结构研究 [D]. 天津：南开大学，2009.

[94] 张谊生．现代汉语副词探索 [M]. 上海：学林出版社，2004.

[95] 朱德熙．“的”字结构和判断句 [J]. 中国语文，1978 (1) (2)：23-27，104-109.

[96] 朱德熙．自指和转指——汉语名词化标记“的、者、所、之”的语法功能和语义功能 [J]. 方言，1983 (1)：16-31.

[97] 周小兵．汉语“连”字句 [J]. 中国语文，1990 (4)：258-263.

[98] 钟华．现代汉语的焦点表现手段研究 [D]. 合肥：安徽大学，2007.

[99] 钟小勇．重动句信息结构研究 [D]. 上海：复旦大学，2008.

图书在版编目（CIP）数据

基于类型学视角的明清汉语焦点结构研究/马碧著.—武汉：华中科技大学出版社，2023.6
（明清汉语语法研究丛书）
ISBN 978-7-5680-9512-9

Ⅰ.①基…　Ⅱ.①马…　Ⅲ.①古汉语-句法结构-研究-明清时代　Ⅳ.①H141

中国国家版本馆CIP数据核字（2023）第100160号

基于类型学视角的明清汉语焦点结构研究　　马　碧　著
Jiyu Leixingxue Shijiao de Mingqing Hanyu Jiaodian Jiegou Yanjiu

策划编辑：宋　焱　周晓方
责任编辑：江旭玉
封面设计：原色设计
责任校对：张汇娟
责任监印：周治超
出版发行：华中科技大学出版社（中国·武汉）　电话：（027）81321913
武汉市东湖新技术开发区华工科技园　邮编：430223
录　　排：华中科技大学出版社美编室
印　　刷：武汉科源印刷设计有限公司
开　　本：710mm×1000mm　1/16
印　　张：9.75　插页：1
字　　数：186千字
版　　次：2023年6月第1版第1次印刷
定　　价：68.00元

华中出版

本书若有印装质量问题，请向出版社营销中心调换
全国免费服务热线：400-6679-118　竭诚为您服务